精神科医 Tomy

穏やかに生きる術

うつ病を経験した精神科医が教える、
人生の悩みを消す練習帳

KADOKAWA

はじめに

私は、普段SNSや書籍で、「**穏やかに生きられる方法**」について数多く発信してきました。私は30代で父を亡くし、その数年後に8年間共に過ごした当時のパートナーを失いました。おそらくそれが原因で、自分はうつ病にかかりました。

当時は二つのクリニックを抱え、一番力になってほしいパートナーが側にいない状態で何もかも一人でやらなければいけない、しかもうつ病とも闘わなければいけない。本当に辛く、苦しい時期でした。

その中で、私は自分の気持ちを整理する方法を自分なりに考えました。様々なトラブルや悩みが小さなものから大きなものまで、毎日のように降ってくるのです。それを自分なりに処理して、なるべく小さなものにして、毎日をなんとか乗り越えていく。**そして獲得したノウハウを、スマートフォンのメモアプリにどんどんため込んでいきました。**

クリニックが軌道に乗り、私自身も回復してきたとき、今度はこのノウハウを患者様に伝えてみました。すると、患者様の顔が一瞬で輝き、ほっとした笑顔になるようなことが何度かありました。私は日々の診察で反応が良かった言葉もどんどんメモに放り込んでいきました。

2019年、私は友人の医師がTwitter（現・X）にハマっていることを知り、メモの言葉をツイートすることを思いつきました。すると、あっという間にフォロワー数が伸び、気が付けば10万、20万と凄い勢いで増えていきました。その言葉をまとめた書籍がベストセラーとなり、気が付けば2、3カ月に一度は新しい書籍を出版するようになりました。

今回は、KADOKAWAの担当編集者から「先生の今までのノウハウを集めた、穏やかに生きるための練習帳となるような本を作りたい」とメールをいただいたことから始まりました。**この本は私からの「穏やかに生きる」ためのレッスンです。**とはいえ、決して小難しいものではありません。

ふむふむふむふむと、読み進めていくうちにいつの間にか心がラクになっていく。そんな実践的な本になっています。どんな人ももっとラクに、楽しく生きることができる。私はそんな信念を持ってこの仕事をしています。

少しでも皆様のお役に立てれば幸いです。

精神科医Ｔｏｍｙ

穏やかに生きる術　目次

はじめに　2

第1章　感情を味方につければ毎日はもっと楽しい

レッスン1　感情を味方につける　12
レッスン2　「不安」を手懐ける　20
レッスン3　「感情」の取り戻しかた　32

第2章　自分を大切にする

レッスン1　自己開示を上手く活用する　40
レッスン2　自分を好きになる　49
レッスン3　カラダを整える　59

第3章 人の悩みはほぼ人間関係から

レッスン1 期待しない 68
レッスン2 あるがままを見る 70
レッスン3 比べない練習をする 77
レッスン4 人に攻撃されない練習 81

第4章 仕事や職場のモヤモヤを解決する

レッスン1 自分に合った仕事ややりたいことを見つける 90
レッスン2 一つの仕事に囚われない 96
レッスン3 職場での同調圧力の押し返し方 102
レッスン4 逃げる 105

第5章　家族との関係を見つめ直す

レッスン1　親と距離をとる　112
レッスン2　パートナーと理想の関係を作る　119
レッスン3　孤独と付き合う　127

第6章　「試練のとき」をなんとかする

「試練のとき」とは？　134
試練のとき1　大切な人間関係が壊れる　142
試練のとき2　仕事上の大きなトラブル　150
試練のとき3　身体的に大きな問題が発生する　155

第7章 穏やかに生きる人生の秘訣

レッスン1 波を極力抑える 164
レッスン2 完璧主義を手放す 169
レッスン3 過去に執着しない 178
レッスン4 自分軸を大切にする 180
レッスン5 暮らす場所を整える 184
レッスン6 プチミニマリストになる 188

おわりに 190

第1章

感情を味方につければ
毎日はもっと楽しい

レッスン1
感情を味方につける

ここではまず感情のお話をしたいと思います。「**ラクに生きる＝感情を制す**」といってもいいぐらい感情は大切です。

人生にはいろんな出来事が起きますが、大変なことであってもポジティブに受け流し、嬉しいことは純粋に喜ぶ。こんな風にできれば人生はハッピー一色といってもいいのではないでしょうか？　何が起こるかより、どう感じるかの方がよっぽど大切なのですから。

つまり**感情のコントロールが人生の鍵を握っている**のです。

では、どうしたら感情のコントロールができるのでしょうか？

これだけ多くの方が感情に振り回されて生きているのですから、難しいことなのではないでしょうか？

先に答えを言ってしまうと「**正攻法でコントロールできるようになるのは大変。だけど、いくつかの裏道がある**」です。

感情自体のコントロールは、身に着けられなくはないけれど、なかなか大変なことで時間もかかります。

しかし、別に、正攻法でクリアする必要なんてないのです。結果的にアナタがラクになればいいわけですから。というわけで今日はこの「裏道」について説明していきたいと思います。

裏道の説明をする前に、感情の大切な特性についてお話しします。

まず感情には3つの特性があります。

①時間がたてば落ち着く

どんな感情もずっと継続することはありません。ころころと変わっていきます。

わかりやすいのは怒りの感情でしょう。よく怒りのコントロール法で「6秒ルール」が紹介されます。怒りの感情が湧《わ》いたときに6秒待てば落ち着くというものです。

6秒ルールが妥当かどうかはここでは言及しませんが、数秒で怒りのピークが落ち着くのは確かでしょう。自分を観察してみればわかるのではないでしょうか？

怒りだけでなく、喜哀楽などのシンプルな感情、あるいは嫉妬や自己肯定感などの複雑なものも必ずピークと底があります。この特性を生かす方法は後で述べますが、時間がたてば落ち着くと知っているだけでも少しラクになると思います。

②気を逸らせば落ち着く

感情は、状況や環境に応じて変化します。たとえば良いニュースを聞けば明るい気分になり、嫌なニュースを聞けば暗い気分になります。外に出かければ気が紛れるし、一日中部屋に閉じこもっていたら暗鬱な気分になります。

つまり感情だけが意固地になってこびりつくことはなく、外的な環境に応じてコロコロ変わるのです。これは逆に言えば、**状況や環境を意図的に変化させることで、感情を変えることができる**というわけです。

③体調の影響を受ける

②に似ていますが、感情は内的な環境、つまり体調の影響も受けます。たとえば体のどこかが痛かったり、風邪をひいたりすればネガティブな気分になります。逆に体調がよければ気分爽快になります。

また体調が悪いときは、普段だったら聞き流せるような話でも聞き流せなくなります。これは皆様の実体験でもある程度納得いただけるのではないでしょうか？

ネガティブな感情も、体調とともに回復するのです。

感情をコントロールする方法

さて、これらの特性を踏まえた上で、感情を味方につける方法について考えてみましょう。感情を味方にするということは、シンプルに言えばこうなります。

「**ポジティブな感情を増やして、ネガティブな感情を減らす**」

一日は24時間しかありません。そして、人の一生の長さも決まっています。つまり当たり前のことですが、一人の人間が使える時間は限られているのです。これはすなわち、**ポジティブな感情でいる時間が増えれば、ネガティブな感情でいる時間が減る**ということです。なぜなら人間は、ポジティブな感情とネガティブな感情を同時に感じることはなかなかできませんから。

感情をコントロールする方法(1) 感情を置いておく

先程の①、②、③に基づいてこれらを考えていきましょう。まず①時間がたてば落ち着くです。感情は時間がたてば落ち着きます。ネガティブな感情に襲われたときは、この特性を生かすことができます。簡単に言えばネガティブな感情のときはあれこれ考えず、時間が過ぎるのを待ちましょう。

たまに「なぜ今私はこんな気持ちなのだろうか」「あのときどんな状況だったのだ

ろうか」などとあれこれ考える人がいます。感情をコントロールするという意味では、この方法は適切ではありません。

感情を深追いするということは、感情を反芻《はんすう》するのと同じです。放置しておけば落ち着いたはずのものが、長引くだけなのです。こんなときは、**「頭をなるべく空っぽに空っぽに」と意識する**ようにしましょう。感情に理由などありません。ただそう感じたからそう感じているにすぎないのです。

感情をコントロールする方法(2) 感情を抑える

実は「感情を抑える」というのは、もっとも困難な方法です。抑えようとすることで、逆に感情が抑えられなくなることもあります。なぜなら、抑えようとすることで、ネガティブな感情を何度も反芻してしまう可能性があるからです。

感情を直接抑えることは不可能ではないのですが、困難で時間もかかり、これをすれば確かであるというものではありません。むしろ感情を抑えようとしないことがいい対策になることもあるので気をつけましょう。

感情をコントロールする方法(3) 感情を切り替える

先程の感情の特性「②気を逸らせば落ち着く」を上手く活用しているのがこの方法です。もっとも容易で有効な方法です。

感情は目先の状況に応じて切り替わります。

アナタが対処したいネガティブな感情も、もともと何かがきっかけで心の中に渦巻いてきたのではないでしょうか？　たとえば苦手な人から電話がかかってきたとか、嫌なニュースを聞いたとか。

それと同じようにアナタの感情を切り替えるきっかけを意図的に変えれば良いのです。簡単に言えば「**環境と行動を変える**」、それだけです。

たとえば疲れたらお風呂に入りますよね。お風呂に入ると「ああ、気持ちいいなあ」と思うことでしょう。さっきまでは仕事のことを考えていたのに、今は「お湯加減がちょうどいい」などと感じているはずです。

これはお風呂に入るという行動、お湯につかるという環境の変化によって感情の変化をもたらしているわけです。③体調の影響を受けるにも通ずるものがあります。感情の変化を生じさせる方法は何でもいいですし、いろんな方法があってもいいと思います。

自分にとってポジティブな気持ちを引き起こしてくれる行動、たとえば甘いものを食べるとか、ジョギングに行くとか、友達と電話するとかなるべく多くの方法を用意しておくといいでしょう。

そしてアナタにとってポジティブな気持ちを引き起こしてくれる環境も多くあるといいでしょう。寝室、リビング、図書館、公園、なんでもよいのです。

アナタをポジティブに導く行動や環境を把握できれば、嫌な気持ちになったときに様々な形で気持ちを切り替えることが可能です。

言い方を変えると「自分のご機嫌を自分でとるのが上手な人」というわけです。

ぜひ実践してみてください。

レッスン2 「不安」を手懐ける

本項では「不安」との付き合い方について考えていきましょう。しょっちゅう不安になり、生きづらく感じる人は案外多いのではないでしょうか？　いやむしろ何事も不安にならない人などいないのではないでしょうか。

しかし、どんなに不安が強くなりそうな状況でも、たくましくやっていける人はいます。ですが、そんな人でも不安がないわけではありません。話してみれば意外と沢山のことを不安に感じているものです。

不安が起きない人などいません。**上手く付き合って物事を進められる人と、不安を表に出さない人がいるだけです。**ではどうしたらいいのでしょうか。不安を手懐けられる人と、そうじゃない人は何が違うのでしょうか。

その前に「不安」とは何か考えてみる必要があります。実は「不安」という言葉は漠然としすぎて、なかなか捉えづらいのです。人によって何を不安とするかも当然変わってきます。

たとえば、何もないのに動悸《どうき》を感じてそわそわと落ち着かない。身体的な症状が「不安」という人もいます。あるいは、何も起きていないけれど、何かが起きそうな気がして怖いという気持ちが「不安」だという人もいます。

実際に健康問題や、介護育児の問題など、具体的な事柄が「不安」だという人もいます。そういったことが複合的に組み合わさって「不安」だという人もいます。

何が不安かによって、対策方法も違ってきますから、まず**自分が抱える「不安」が何であるのか、しっかりと認識する必要**があります。正体を認識することが不安の対策になるのです。

柳の下にふわふわうごめくものがあれば、当然不安に思うでしょう。でも近づいてみて、ただ柳の枝にかけられた白い布であるとわかれば、不安も消えるでしょう。では様々なタイプの不安とその対策についてみていきましょう。

①身体的な症状

動悸や落ち着きのなさ、手の発汗などが起きている状態を「不安」と認識することがあります。いわゆる自律神経のバランスの乱れによるものかもしれません。

自律神経は、簡単に説明すると「意識しなくても機能して、身体のバランスを整える神経系」です。たとえば、脈拍や呼吸を速くする、遅くする、胃腸を動かす、瞳孔の大きさを調整する。こうしたものを意識せずとも自動的に調整するのが自律神経の働きです。

自律神経はさらに大きく分けて交感神経系と、副交感神経系にわかれます。

交感神経系は、身体が活動して緊張状態にあるときに働く神経系です。たとえば脈拍や呼吸を速くする。体温を高くする。

一方で副交感神経系は体をリラックスさせ落ち着かせるときに働く神経系です。脈拍や呼吸はゆったりとし、胃腸は活動しておなかがすくようになります。

人体はこの自律神経によって、緊張モードとリラックスモードを調整するようになっています。ちなみに「自律神経失調症」という名称がよく使われますが、これは厳密に言うと明確な診断基準のある病名ではありません。自律神経の調整が上手くいかず、本来はリラックスするべきときなのに交感神経が優位になるなどの状態が起きると、「自律神経失調症」と称することがあるのです。

話が少し逸れましたが、身体的な症状が「不安」である方の場合、主に交感神経が優位になっている可能性があります。この場合は体をリラックスした状態にもっていくことが不安への対策になります。

②何か悪いことが起きるのではないかと不安になる

今は何も起きていないのだけれど、これから何か悪いことが起きたらどうしようと不安になる。こういうパターンの不安もあります。**精神科領域では「予期不安」と呼ばれる症状**です。詳細は割愛しますが、主にパニック障害の方が、「パニック発作がまた起きたらどうしよう」と不安になるときに用いられる表現です。

しかしここでは、症状としての「予期不安」ではなく、「何も起きていないけれど何か起きたらどうしよう」という未来への不安についてお話ししたいと思います。

この不安の極端な形として「死」を極端に恐れるというものがあります。

このタイプがやっかいなのは、何も起きていない状態でも不安に感じてしまうことです。つまりいくら環境を整えても、「これから先何も絶対に起きない」ということはありえません。ですから、いくらでも不安を感じてしまうわけです。こうなると常に不安で落ち着かないといった感じになります。

このパターンの不安は、何らかの特定の状況に関連して起きることが多いです。たとえば乗り物に乗ると不安になる。職場にいると不安になる。旅行に出かけると不安になる。つまりその状況を避ければ、不安は軽減します。

そして、その特定の状況は、本人にとってストレスの多い状態です。なので、苦手な状況に居ざるをえないときは、極力ストレスを軽減するように工夫することも一つの対策です。

また、**こういった不安は私なりの表現で「頭がお暇になっている」**と言います。目の前のことに集中せずに、気もそぞろに「何か起きたらどうしよう」と未来に頭がワープしているわけです。

実はこのパターンの不安は、私自身も抱えることがあります。ですから、自分の例を出しながら、説明したいと思います。

たとえば私は開業医をしていた時期がありますが、開業医は、診察だけではなく、様々な問題が起きたら全部自分で対応しなければいけません。

そうすると、自分のクリニックにいる間は、電話が鳴っただけでも「何か問題でも起きていないだろうか」と過敏になるわけです。職場にいると矢面に立たされているような気分になり、「何かトラブルが起きたらどうしよう」と不安な気持ちに駆られることもあります。

こういった不安に対する根本的な解決方法は「頭をお暇にしない」ことです。

こういうと、「一生懸命やって、頭がいっぱいいっぱいなのに頭がお暇なの？」と疑問に思われる方もいらっしゃるかもしれません。そこでまず、「頭がお暇」であることの意味についてもう少し深掘りしたいと思います。

先程も申し上げたように、目の前のことに集中せずに、未来のことを考え、「何か起きたらどうしよう」と考えているので、頭がお暇の状態になっているわけです。

「頭がお暇」の本質は「目の前のことに集中していない」ということです。

目の前のことに集中していないから、今考えても仕方のないことを考えて疲れてしまう。実際に頭が疲れてしまっていても、目の前のことで疲れているわけではない。それがどうしようもない不安につながるのです。

ではどうすればいいのかというと、**目の前のことを考えて行動する。**それに尽きます。たとえば私の例でいえば、目の前の患者様に集中する。スタッフの報告を聞いたり指示を出したりする。そこに一点集中すれば、充実した時間を過ごすことができます。なかなかこれができないうちは、**自分の心の中に「今のことに集中集中」と何度も声をかけてください。**

人間は気まぐれなもので、何かやっていても気が付けば、違うことを考えているものです。机に向かって勉強しているはずなのに、いつの間にか「夕食は何だろう」と考えたり、「来年は受験生か、嫌だなあ」と考えたり、他のことを考えていることってよくありますよね。これが「頭がお暇」になっている状態です。

ですから「あー、いかん、今のこと今のこと」としょっちゅう自分に掛け声をして今やっていることに意識を戻してください。これを繰り返しているうちに、だんだん目の前のことに没頭できるようになります。

そしてもう一つ大切な対策方法があります。それは**休憩すること**です。目の前のことに没頭し、集中すると当然疲れます。疲れるとまた人は頭がお暇になって違うことを考え始めます。そうなったら休憩です。

休憩とは、一旦行動を切り替えて頭がお暇にならないようにすることです。

たとえば、勉強をして集中できなくなったのに、勉強を続けたらどうなるでしょうか？　勉強しながら他のことを考えます。また頭がお暇になっているのです。

そこで休憩です。この場合の休憩とは頭に情報を入れないことです。休憩をするという行為に集中するのです。

ちょっと静かな部屋に移動したり、自販機のコーヒーを飲んだり、目をつぶってリラックスしたり。今までやっていることに疲れて、頭が違うことを考え始めたら頭がお暇になってきている。そこで今までやっていることを中断して、休憩する。行動を切り替えれば、考えている内容もそれに切り替わりますから、休憩に集中できるようになる。休憩に集中できなくなったら、また仕事や勉強を再開します。

こうすることにより、常に頭がお暇にならないようにできます。それが不安を解消します。

③特定の場面や状況で不安になる

普段は問題ないのに、苦手な状況になると不安が高じる。こういうタイプの方もいます。このタイプの不安は、不安障害という精神疾患と密接な関係にあります。ここでは病的なものではないという前提で対処方法について述べますが、あまりに症状が強い場合は精神科の受診を検討してください。

少し話は逸れますが、精神科を受診する基準についてお伝えしたいと思います。基本的には、**「症状が日常生活に影響するか」というのが受診の目安**です。

たとえば、嫌なことがあったときに食欲が減る。これはよくあることですが、全く食べられず動けなくなってきた。体重が大幅に減少した。などの状態になると日常生活に支障が出てきます。この場合は受診をするべきです。

それでも受診をするべきかどうかの基準で迷う場合は「迷ったら受診」で問題ありません。診察した結果「特に病的なところまで行ってませんよ」とわかったとしてもそれはそれで安心できて良いと思います。私たち精神科医も、「こんなことで来ないでほしい」などと思うことはありませんから。

では話を戻しましょう。この不安のタイプは、様々なもの・状況に直面するのが苦手です。たとえば外出するのが不安。人前で発表するのが不安。人前で会食するのが不安。自分が嘔吐するのが不安になる。何度も確認しないと不安になる。病院に行くと不安。飛行機や電車に乗るのが不安。渋滞に巻き込まれると不安。狭いところ、暗いところが不安などなど。

この不安との付き合い方は、無理をしないことです。苦手なところに行くと不安になるのであれば、避ければいい。ただどうしても避けられないのであれば、誰かと一緒に行く。などでも良いでしょう。

あえて苦手な状況に慣らすという方法（暴露療法）もあるのですが、失敗してしまうと悪い記憶が残ってさらに苦手になるため、プロのカウンセリングなど、しっかりした治療の一環として行われるべきです。

また苦手な状況を避ける場合でも、避けすぎたあげくどこにも行けなくなった、何もできなくなったなど日常生活に支障が出てきたらすぐに精神科の受診を考えてください。

不安と上手く付き合う方法

これまで不安の概要について説明してきました。それでは不安と上手く付き合う方法はあるのでしょうか。まず、なぜ不安が不安なのでしょうか。**その最大の原因**

は、アナタが不安の中にいるからです。不安という感情があって、その海の中にアナタは放り込まれている。だから溺れそうになるのです。

まず必要なことは不安をそのまま置いておくこと。不安の海から出て、横から眺めることです。また、不安の海を海のままにしておかないこと。できればアナタの感じている不安を明確化すること。不安の全体像が把握できれば、よりラクに感じることができるようになります。際限のない不安の海から、全体を見渡せるプールに変えることです。

具体的な対策方法は、**まずは書き出すこと**。書き出し方のコツは、なるべく端的に箇条書きで書くことです。人は書く際に、頭の中のモヤモヤしたものを整理するようになります。端的に箇条書きで書けば、「ああ、これだけのことか」と安心することができます。

さらに自分の書いたものを眺めることで、解決方法を思いつくこともあります。

何も思いつかなくても、「あとでいい方法を思いついたらやってみよう」と横に置いておくことができます。ただ書き出すことによって、不安の輪郭を明確化し、眺めることが可能になります。

これをやっていくうちに、いちいち書き出さなくても「不安を眺める」ことが可能になっていきます。

レッスン3　「感情」の取り戻しかた

喜怒哀楽、人間には感情があります。わざわざ言うまでもないことかもしれませんが、この感情というものは当たり前のものではないのです。ときに人は「無感情」になることがあり、感情の起伏を以前のように感じられなくなってしまいます。

ではどんなときに人は感情の起伏がなくなるのでしょう。大きく二つのパターンに分けて考えていこうと思います。

一つは急に無感情になるパターン。急に喜怒哀楽が弱く感じられるようになります。この場合、たいていは**疲れと環境が原因**です。

まず疲れ。人は疲れると感情があまりないように感じられるときがあります。無感情というのはうつ病の症状の一つにもあるものです。

うつ病は、非常に大雑把に説明すると、脳の使いすぎで脳が機能不全に陥っているときに起きるものです。脳の機能が落ちると、脳内の情報を伝える神経伝達物質が枯渇します。当然感情もこのメカニズムで起きているので無感情になるわけです。

この場合、**一番大切な対処方法は休息**です。うつ病の治療の基本でもあります。脳の機能は、脳を使わないようにすれば自然と回復するようにできています。しかし時間はかかる。じっくり、ゆっくりなるべく脳を使わない時間を作るようにしてください。

たとえば**睡眠時間を増やす**。一日に行う仕事の量を少しずつ減らす。休日にあれこれ詰め込みすぎない。脳は何かを決断するときにエネルギーを使います。決断事をあまり作らないことです。

感情の起伏を感じなくなるもう一つは**時間をかけて無感情になる**パターンです。数年、数十年かけてだんだんと喜怒哀楽をあまり感じなくなっていきます。これはある意味老化とも言えます。未経験のことが減って、脳に刺激があまり加わらなくなってきます。全体的なエネルギーが減って、過敏に物事に反応することが減っているのです。

子犬を想像してみるとわかりやすいかもしれません。子犬はどんな小さなことでも飛びついたり、驚いたり、追っかけまわしたり、逃げたりと落ち着きがありません。きっと子犬の中では様々な感情がコロコロとうごめいているのでしょう。

一方で成犬や老犬になってくると、じっと伏せていたり寝ていたりして落ち着きが出てきます。これは当然人間にも起きてきます。

長期的に無感情になるパターンには良い面もあります。ちょっとやそっとのことでは動じなくなっているからです。と同時に、日常に張り合いがなくなってきているとも言うことができます。

感情を取り戻すには？

①変化をつける

一番手っ取り早い方法は変化をつけることでしょう。毎日が同じパターンの繰り返しになり、環境の変化もなくなれば当然無感情にもなってきます。些細な変化でも構わないので日常に意図的に変化を与えてみましょう。

もっとも些細な変化であれば、部屋の模様替えをする。通勤路を一本違う通りにする。一個手前の駅で降りてみる。新しい料理にチャレンジする。なかなか行けなかった気になる店に行ってみる。「変化」のきっかけになりそうなものはあちらこちらに落ちています。まるで自分が好奇心旺盛な人間にでもなったかのように、日常を探索してみるのもいいかもしれません。

次にもうちょっと変化を与えられそうなら、旅行をする。引っ越しをする。

スポーツジムに入会する。ペットを飼う。などといったものも良いかもしれません。これらはエネルギーを使いますので、決して無理はしないでください。

変化を取り入れようとするとき、「気になるものが見つからない」こともあるかもしれません。だったら気になるものを探してみてください。**見つけようとする行為も充分にアナタの感情を呼び覚ましてくれる**でしょう。

②何かを育ててみる

これも「変化をつける」の一パターンではありますが、何かを育ててみるのもおすすめです。**毎日に張り合いがなく、無感情になっているときは、たいてい「自分のために時間を使いすぎている」とき**でもあります。

もう少し詳しく解説してみましょう。たとえば何をしても代わり映えがしない、何の感情も湧かないという状態は、もう何もかもに飽きてしまっているときに起きます。

「これをしたらどんなことが起きるんだろう」というワクワク感がなく、「多分これぐらいの楽しさだろう」とあらかた想像がついてしまっているのです。これは自分のために時間を使いすぎた結果とも言えます。

これを打破するためには、予測のつかない物事を取り入れることです。その最たる対処方法が「**何かを育てる**」ことです。たとえば犬を飼うことを想定してみましょう（もちろん、犬を飼うにはそれなりの負担、責任感、環境が必要です。例として挙げているだけなので実際に飼おうと思うときはよくよく考えてください）。

ただ散歩に行くだけであっても、一人でぶらぶらと散歩に行くのと、固い絆で結ばれた愛犬と散歩に行くのとでは、全く違った行為です。なぜなら「愛犬とどんな体験を共有できるか」「愛犬にどんな楽しい体験をさせてあげられるか」という視点が入ってくるからです。

犬を飼うまでいかないとしても、ガーデニングや野菜を作るなどの行為でも同じような効果が期待できます。なぜならば、**何かを育てるという行為には、「他者」が含まれるから**です。予測できない他者の要素が入るだけで、毎日の感覚が少しでも鮮烈になっていく可能性があります。

また育てられるのは他の生き物だけではありません。**新たな趣味や才能でも良い**と思います。たとえば絵を習う、音楽を始める、資格を取るなどの「自分を育てる」も有効です。

思いもよらない自分の才覚に気づく可能性もありますし、逆に思い通りに進まないことに歯がゆい思いをするかもしれません。しかし、この予測できない要素が、人生にメリハリを与えてくれるのです。

第2章

自分を大切にする

レッスン1 自己開示を上手く活用する

時々、こんなご質問をいただくことがあります。

「自分のことを誰にも言えず、孤独を感じる。もっと自分のことを知ってもらえたら、きっと寂しくなくなるのに、それができない。どうしたらいいんだろう」

といったような内容です。

確かに、自分のなかなか言えないようなことを誰かに打ち明けて、親密になるのが得意な人はいるように見えます。逆に自分のデリケートな部分を言えなければ、なんだか「何を考えているのかよくわからない人」と思われて遠ざけられているように感じるかもしれません。

でも、本当にそうなのでしょうか？　まずはそこから考えた方がいいと思います。

というのも**自己開示は、諸刃の剣**だからです。上手くいけば親しい関係性を築けますが、下手をすれば疎遠になることもあります。自己開示が全てを解決するわけではありません。人間関係を構築するための一つのツールにすぎません。

自己開示は確かな人間関係のために必要不可欠なものでもなく、下手をすれば逆効果にもなりうる難度の高いツールと考えても良いでしょう。

では、なぜ自己開示がこれだけ難しいのか。それは、**自己開示が相手との空気感、タイミングがベストなときにだけ効果があるから**です。人間関係を構築し、空気も読める人が自己開示を上手く活用できていると考えていいでしょう。

逆に言えば、自己開示が上手くできている人は、そもそもコミュニケーション能力が高いのです。人間関係が上手く構築できない人が頼りにするスキルではないということです。**あえて自己開示を意識しすぎることで、逆に人間関係がぎくしゃくする人の方が多いと思います。**

ここで自分自身の経験を例に取り上げてみます。私はゲイというセクシュアリティもあり、自己開示については一際強い思い入れがあります。つまりカミングアウトの問題です。

私が若者であった時代はまだゲイという言葉ですら馴染みがなく、無論LGBTQという単語などほぼ知られていませんでした。テレビなどでオネエタレントが活躍し始めてはいましたが、身近にセクシュアルマイノリティがいるかもしれないという認識は、ほぼされていなかったのではないかと思います。


そんな時代、私は孤独を感じていました。子供の頃は抱いていなかった孤独感です。子供が少年になり、青年になると、自然と周囲は恋愛の話が多くなります。たいていみんなが話しているのは誰が好きだとか、付き合ったとか別れたとか、プロポーズしたとか結婚したとか。プライベートの話はほぼ恋愛の話題でした。

そんな中に、私は入っていけませんでした。「で、お前はどうなの」と言われるのが怖かったのです。実際にそんな風に話をふられると、しどろもどろになって適当に誤魔化します。

でも私は嘘をついたり誤魔化したりするのが苦手です。せっかく盛り上がっている場の空気がそれでちょっと冷めてしまったようにも感じました。

気が付けば私は、周りのグループからちょっと距離を置くようになりました。カミングアウトできたらいいのに。でもそんなことを言おうものなら、どんな人間として見られるのか。今までの人間関係全てが変わってしまうのではないか。いろいろ考えたあげく、結局カミングアウトはしませんでした。

私はこの経験をきっかけに、自己開示について深く考えるようになりました。「知ってほしい」と「知られたくない」のジレンマ。一番良いのは知ってもらうことでより絆が深まることでしょう。しかし、それによって関係性が変化、最悪の場合は壊れてしまうかもしれません。

実際周囲に「自分のことを知ってもらいたくて、衝動的にカミングアウトした」という方も何人かいました。しかし、ほとんどの場合上手くいってはいなかったように思います。

おそらくその理由は、「知ってもらいたい」という自分の都合だけで動いていたからではないかと思っています。相手からしてみたら出し抜けすぎるのです。突然、予想もできないタイミングで自己開示されたら相手は面食らいます。

その結果、相手が距離を置くようになっても相手の問題だけではありません。予想外の行動をする相手から距離を置こうとするのは自然なことだからです。

もちろん、自己開示をきっかけに、絆が深まる人もいます。相手のキャラクターや言動、相手の感情についてよく考え、いきなり自己開示するのではなく、ちゃんと理由付けもして、少し匂わせて心の準備もさせて、「こんな話を聞いてくれてありがとう」という思いを込めて言います。自己開示は、なかなかに使い方が難しいのです。

では自己開示などしない方がよいのでしょうか？　実はそういうわけでもありません。使い方を誤ると大事になるかもしれませんが、それを理解した上で上手く使いこなすこともできます。その方法についてみていきましょう。

どのように自己開示をすればいいのか?

①カジュアルに自己開示する

自己開示と言っても、いきなり自分の生い立ちや秘密などを話す必要はありません。**自分の好物は何だとか、休日の過ごし方だとか、自分の情報を開示すれば立派な自己開示**です。

ただ自己開示が苦手な人は、これもなかなかできなかったりします。とっさに言えないのです。

そこでおすすめする方法は、「**自分のプロフィールを作っておく**」です。自己開示がなぜ有効かといえば「自分がどんな人間か知ってもらえる」ことです。

上手に話せる人ならいいのですが、不器用な人は、何も話せなかったり、あるいはいきなり話さなくていいことまで話してしまったりします。そこで、自己開示用のプロフィールを予《あらかじ》め作っておきましょう。簡単に言えば自己紹介文を先に作って、頭の中に入れておくということです。

イメージとしてはSNSのプロフィール欄。知らない人や、知り合ったばかりの人に自分を知ってもらう。そういうイメージでプロフィールを作ってみましょう。よくわからなければ、いろんな人のプロフィールを眺めてみてください。

「面白そうな人だな」「会ってみたら楽しそうだな」という人もいる反面、「ちょっとこれは嫌な感じだな」「意味がよくわからないな」というものもあるでしょう。

自分が好印象を得たプロフィールを真似てみればいいのです。ただし嘘はいけません。自分語りもいけません。ネガティブすぎるのもいけません。

わかりやすく、自分の良いところや趣味を知ってもらう。聞かされた人の気分になってプロフィールを作る。これが大切なポイントです。

②相手の話を聞いた後で、同じ程度の自己開示をする

自己開示でやらかしがちなことは、「自分の話だけをする」ことです。これを聞いて「え、自己開示って自分の話をすることじゃないの?」と思った方もいるかもしれません。

しかし、よく考えてください。アナタ自身の話をして、相手との絆が深まりますか？　**アナタの話はぶっちゃけ相手にとっては「どうでもいい話」**です。ましてネガティブな話なら尚更です。

でも人には自分の話を聞いてもらいたいときもある。お互いそんな関係になれたらいい。そう思う気持ちもわかります。そこでどうするか。まず、相手の話を聞くのです。もちろん「この人の話なら聞いてみたい、この人なら力になってあげたい」と思う人だけでいいです。無理して聞く必要はない。

相手も遠慮するでしょうから、むやみに自分の話などしないでしょう。でも何かの拍子に、「実は私もね」などと相手が自己開示をするタイミングがくる。そんなときに、まず聞いてください。

ちゃんとした相手なら、アナタが自己開示に付き合ってくれたことに、素直に感謝してくれるはずです。そして、アナタに話がふられるかもしれない。そうしたら、

相手と同じぐらいのレベルの自己開示をしてください。多少ネガティブな話であっても、相手への配慮を忘れなければ大丈夫です。

③もし、自己開示に失敗したと思ったら?

今まで自己開示で気を付けるべき点について説明してきました。しかし、自己開示は細心の注意を払っても、上手くいかないこともあります。あるいは、あまり何も考えずに「自分のことを知ってほしい」という強い衝動から自己開示してしまうこともあります。そうなれば相手が望ましくない反応をすることもあるでしょう。

そういうときは一体どうすれば良いのでしょうか。答えはたった一つ、かつシンプルです。「**何もしない**」です。何もしないという選択は不安に感じる人も多いと思いますが、実は何もしなくても気に留める必要はありません。

自己開示は、確かに相手に対する配慮は必要です。しかし、「自分のことを相手に知ってほしい」という動機は何もおかしなものではありません。**アナタが今後付き合っていく価値のある相手であれば、最初のタイミングが上手くいかなかったとし**

ても、致命的になることはないでしょう。

いずれ時間が解決してくれます。もしくはアナタが心配するほど相手は気にしていない可能性も充分に考えられます。


万が一、**それで離れていく相手がいたとしたら、そもそもそれぐらいの関係性**なのです。自己開示は劇薬になることはありますが、毒にはならないのです。

先程のカミングアウトの例でも、そういうことはよく見られます。

もしカミングアウトのタイミングが上手くいかなかったと感じても、時間がたてばちゃんと人間関係は復活します。相手にとってアナタが大切な人間であることに変わりはないからです。

レッスン2 自分を好きになる

本項では自己愛について考えていきましょう。自己愛とは、自己肯定感にもつながるもので、メディアなどでもよくテーマに上がる問題です。

皆さんは「自己愛」と聞いて何を想像しますか？　たとえば、自分をなるべくかわいく写真にとってインスタグラムに上げる。鏡を何度も見て、髪形をかっこよく決める。自分がいかに凄いかということばかりを話す。こんな人物を想像したりしませんか？

実はこういった人々は、むしろ健全な自己愛が持てていないのです。むしろ自己愛が不安定だからこそこういった行動をとるのです。本来の自己愛は、自分中心に物事を考え、自分の見た目をアピールするようなものではありません。**「ありのままの自分を受け入れられている」これが健全な自己愛**です。

ではありのままの自分を受け入れるとはどういう状態なのでしょうか？

その最終的な目標は「ありのままの自分がどうかさえも考えたことがない」状態です。ですから、自己愛とか自分を受け入れるとか、自己肯定感とかそんなこと気にしたこともないし、考えたこともない人が健全な自己愛の持ち主なのです。

たとえば目の前に綺麗なビーチがあるとします。きっと健全な自己愛のある人は「海だ」と言って泳ぎに行こうとします。何も考えずに走っていきます。それが本人がやりたいことだからです。

しかし、健全な自己愛を持てていない人は、なかなかそうは考えられません。「こんな綺麗なビーチに来ています」と映える写真をインスタに上げようとしたり、「はしゃぎすぎたらみっともないのでは」と考えたり、他人からどう思われるか、どう見えるかを軸に考えてしまいます。**つまり他人軸です。**

このように物事を考えてしまうと、「自分のありのままの気持ちは何なのか」すらわからなくなってしまいます。

ありのままの自分を受け入れるには、自分軸で行動する必要があります。自分が感じたままに感じ、思ったままに行動しようとする。もちろん、自分勝手に行動するわけではありません。思ったままに行動することによって誰かに迷惑がかかるのなら、やめるべきです。

大切なのは、**自分がどうしたいのか素直に湧き上がってくる気持ち**です。それが当たり前の状態になっているのが自分軸であり、健全な自己愛なのです。

これで冒頭に挙げた人が実は健全な自己愛を持っていないということがわかったのではないでしょうか？

写真をただとって、インスタに上げる。それが純粋にやりたいことならいいのですが、「いいね」をもらうためならそれは他人の軸で動いています。鏡を見て何度も髪を決めようとするのは、「他人からかっこいい」と思われたいがためです。

健全な自己愛を持つ人は自分がいかに優れているかなどと考えたこともありませんから、人にアピールすることもありません。

では健全な自己愛を持てている人とそうではない人、一体何が違うのでしょうか。実はこれは簡単には解決しない問題があります。なぜなら自己愛は、本来併せ持った性格、生まれ育った環境、両者が大きく関わっているからです。

たとえば、**いわゆるマイペースな性格の人は健全な自己愛を持てていると言えます。**ありのままの自分を自然に受け入れているからこそ、自分のペースで動けるのです。

一方、周りの目を窺《うかが》う性格の人もいます。自分のことは後回しで、まず周囲がどう思っているかを考えてしまいます。**こういった人は自分のことを後回しにしすぎて、健全な自己愛が持てていない可能性**があります。

また生まれ持った性格だけでなく、生育環境からも大きな影響を受けます。

幼少期に**「アナタはそのままで大切な存在だよ」と愛情を受けることがそのあとの人格形成には大変重要**であると言われています。その感覚をしっかりと大人から伝えてもらうことが大切なのです。

しかし、幼少期に上手く学べないと、健全な自己愛が育たないと言われています。たとえば、大人が感情的に子供に接すると、子供は大人の顔色を窺うようになります。大人が自分の感情を優先しているので、子供は自分の感情がわからなくなるのです。そして自分自身を大切にできなくなります。

また、幼少期に「いい子にしていると愛される」と間違った学習をしてしまうパターンもあります。たとえば「いい成績だと褒められるが、悪い成績だと全否定される」という接し方だと「いい成績をとらないと愛されない」と学んでしまうのです。**本来愛は無条件なもの**です。

いい成績のときに褒めるのは問題ないですが、悪い成績をとったときは、「次がんばろうね」「どこをどうしたらいいか考えよう」といった問題解決の提案が適切です。子供を否定するのは間違っています。**こういった間違った学習をしてしまうと、本来の愛というものがわからなくなります。**これでは健全な自己愛など持ちようがないのです。

こういった理由から、健全な自己愛を持てていない人が持てるようになるのは難しいことがわかると思います。今までの本人の中で培われてきたものですから、「健全な自己愛がほしい」と思っても急には得られないのです。

一方で健全な自己愛を持っている人は、「自己愛」など考えたこともないでしょう。もともとあるかないか、という話です。

では、健全な自己愛のない人がそれを育てることは不可能なのでしょうか。

幸いなことにそうではありません。いくら持ち前の性格だろうが、幼少期に培われたものだろうが、育てることは可能です。ただ、少しずつ、少しずつ育てていくことになります。私はこの過程を「たまねぎの薄皮を剥ぐように」とよく表現しています。本当にそんなイメージです。


具体的な方法について考えていきましょう。まず、健全な自己愛を育てるためには自分を好きになることが大切です。自分を好きになるというのは、表面的に鏡を見ながら「自分はカッコいいなあ、かわいいなあ」と思うことではありません。

自分の気持ちを認めること。自分の気持ちを尊重することです。

しかし、健全な自己愛を持ってこなかった人間は、自分の気持ちさえよくわからなくなっていることすらあります。

そういうときは、小さなところから自分の気持ちに気づき、表明し、認めて行動してみてください。自分が「好き」なものを日頃から探してみてください。

自分を好きになるには、自分が好きなものを見つけ出すことが大切なステップです。

これなら何とかなりそうではありませんか？

たとえば、お昼は何が食べたいのか、みんなで集まったら何がしたいのか、目の前にあるこの雑貨は好きか嫌いか、好きなら買うか買わないか。自分の気持ちを決める。そこにいる誰かに言う。自分の気持ちにそって行動する。そんなことの繰り返しなのです。

こんなことぐらいできているよ、なんて思う人もいるかもしれません。でも本当にそうですか？　自分で何かを好きだと感じても、押し殺してしまったりしませんか？　本当はこうしたいけど、それを言うと相手が意見を言いにくくなるからと引っ込めたりしていませんか？　あるいは相手に嫌われたくなくて、相手が不機嫌になるのが嫌で相手の意見に合わせようとしていませんか？

全てはどんな小さなことでも自分の気持ちを認めること。そして伝えて実行することです。もし自分と相手の意見が違っても、間違いじゃない。アナタがそう感じたということは間違いのない事実です。

正解も不正解もない。アナタの意見を言ったところで、ちゃんとした相手なら不機嫌になったりはしません。まずは自分の意見を出して、お互い相談してどうするか決めればいいだけです。**自分の気持ち、意見を表明することが悪いことであるはずがありません。**

これを毎日続けていくと、だんだん自分の気持ちがわかり、自然と表現できるようになります。それが健全な自己愛、自分軸を形成していくのです。そしていつか、誰が何と言おうと、自分で自分の行動に胸を張れるようになったら、アナタはきっと大丈夫です。

「許す」がアナタを結局守ってくれる

時々「相手を許せない」という人がいます。私はそれを聞くと、「もったいないなあ」と思ってしまいます。**許せない以上、自分の気持ちがその許せない相手に注がれているから**です。

もちろん、その間とてもネガティブな気持ちでいることになります。私なら許せない相手であればあるほど、その人のことを考えないようにします。時間もエネルギーももったいないからです。

誰かが言った言葉に「**許せないとは、自分を檻に閉じ込めているようなものである**」というものがありました。まさにその通りです。許せない人を見張り続け、そこから離れられない。許せない人にわざわざ拘束されに行っているようなものです。

ではこんなとき、一体どうすればいいのでしょうか？　まず**許せない人から距離をとることが先決**です。許せない人と関わっていると、どうしても影響を受けますし、考えざるをえなくなります。たとえば許せない人なのに、相手には何の自覚もなく時折連絡が来るのであれば、もう連絡を返さないようにする。それぐらいの勢いでいいと思います。

職場などで会ってしまうなら、極力関わりのない場所にいる。場合によっては転職してもいいと思います。**できる限り距離をとり「許せない人のことを考えなくてもいい環境」を作ること**です。

その上で、アナタにとって大切な人。尊敬している人。一緒に居ると楽しい人となるべく関わるようにします。許せない人のことを考えそうになったら、そういった愉快な仲間のことを考えましょう。

人間は気持ちと行動がセットになっています。**許せない気持ちをコントロールするためには、行動を変えればいい。**素敵な人となるべく過ごせば、その人のことを考えます。気が付けば、許せない人のことは後回しになるでしょう。基本的にはその方法で徐々に許せない人が精神的に疎遠になっていきます。

レッスン3 カラダを整える

人は気持ちをラクにしようと思ったとき、「気持ちをどうもっていった方がいいのか」に焦点を当ててしまいがちです。しかし、気持ちは気まぐれなものですから、なかなかコントロールが難しい。できなくはないのですが、かなり時間も必要としますし、確実ではないのです。

たとえば、暗い気分になっているときに「嫌なことを考えても仕方がない。前向きになりましょう」と言われても、簡単にはできないわけです。「そうは言われても……」と思いますよね。そもそも、それができるのなら悩んでなんかいないよ、という話です。

実は気持ちをラクにするには、気持ちではなく環境やカラダをラクにするのが一番いいのです。気持ちは気まぐれですが、単純でもあります。

たとえば、先輩に怒られてクヨクヨしていたとしても、彼女から映画のデートに誘われた瞬間にルンルン気分になったりする。イライラしていても、人気のカフェで美味しいスイーツを食べたらご機嫌になる。疲れて気力がなくても、ぐっすり寝たら元気になる。そういうものです。**なのでラクに生きるためには、カラダをラクにするのも非常に有効な手段**なのです。

カラダをラクにする3つの方法

①運動をする

運動が健康に良いのは、よく知られていることですが、精神面でもかなりの効果を発揮します。たとえばうつ病でも運動による改善効果が様々な論文で認められています。

実はこうしたうつ病の分野では、効果を判定するのが難しいのですが、**運動に関しては、運動の有用性を示す論文**※**が数多くみられます。**

もちろん運動といっても様々ですし、やりすぎはよくありません。軽めの有酸素運動がおすすめです。散歩やウォーキング、サイクリング、水泳などを気持ちよい程度に行う。これらの運動は「頭をお暇にしない」ためにも有効です。

※ Rimer J, Dwan K, Lawlor DA, et al : Exercise for depression. Cochrane Database Syst Rev 7

ネガティブなことをクヨクヨと考えてしまいそうなときは、目の前のことに集中できていません。そんなときに軽めの有酸素運動を行うと、その行動に意識がいきます。結果としてネガティブなことを忘れて良い気分転換にもなるのです。

基本は軽めの有酸素運動ですが、私の場合、これに加えて筋肉トレーニングも行っています。筋肉トレーニングは自分の体形も変わるので、モチベーションを維持できて楽しいです。もちろん人によって相性があると思うので、無理に行う必要はありません。

他にも趣味でスポーツをやっている方は大勢いらっしゃると思いますが、メンタルを「ラクに」もっていくために大いに有効です。

私の実感ですが、運動中は一時的に考え事を忘れています。体は疲れているけれど、脳は休息できているように感じます。脳と体を交互に使うことで、交代で休息させることができていると思います。

②副交感神経を優位にする

先程もご説明しましたが、自律神経とは、簡単に言うと自分の意識とは無関係に働いて、身体を自律的に調節する神経のグループのことです。この自律神経には「交感神経」と「副交感神経」があり、お互いを補うように身体を調整します。

主に「交感神経」は、身体を活動させる方向に、「副交感神経」は身体をリラックスさせる方向に機能します。

たとえば、何かに追いかけられて逃げるとき、何かを捕まえようと追いかけるときなどは交感神経が優位になります。脈が速くなり、血圧が上がり、瞳孔は小さくなります。胃腸の動きは抑制されます。これらは交感神経の働きによるものです。

一方で、家にいてリラックスしていたり、そろそろ寝ようかというときには「副交感神経」が優位になります。脈拍はゆっくりとなり、血圧も下がり、瞳孔は広がります。胃腸の動きも促進され、おなかがすいたり、便意を感じたりします。

どちらも必要な機能なのですが、気持ちをラクにもっていくためには、**身体をリラックスさせるための「副交感神経」を積極的に活用するのがおすすめ**です。

もしかすると既にその方法を取り入れている方もいるかもしれません。たとえば深呼吸。副交感神経優位のときだと呼吸はゆっくりと深くなりますが、深呼吸はこの呼吸を意図的に取り入れるものです。

また**ヨガも副交感神経を優位にもっていくには良い方法**です。ヨガでも、呼吸のコントロールはよく用いられます。他にも**ストレッチ、半身浴など**副交感神経を優位にする方法はあります。

精神的に不安定なときは、本来リラックスすべき時間にリラックスできなくなることが多いです。交感神経優位な日中の活動を終え、自宅でリラックスして徐々に就寝にもっていく。このリズムがあってこそ、翌日も元気に活動できるのです。

しかし、あまりにストレスが強かったり、忙しすぎたりすると副交感神経が上手く働かない。寝つきが悪くなったり、興奮してちゃんと休めないまま翌日を迎えたりしてしまいます。副交感神経を優位にすることを意識するのは強い武器になります。

ちなみに私の場合は、寝る前にレッスン動画を見ながらヨガをしています。寝つきやすくなるのでとても良い方法だと思います。

③刺激物を摂取することを減らす

アルコールやたばこ、カフェインなどの摂取を日常的に行っているのでしたら、ぜひそれを減らす、あるいはやめることを検討してみてください。**こうした嗜好品は、一時的には精神をラクにしてくれる可能性がありますが、長期的には逆効果になりえます。**

また過剰な摂取は中毒や依存症になる可能性すらあります。たとえばアルコールは、一時的に不安を和らげ、眠気も誘います。しかし、**慢性的に摂取すると逆に不安を高めたり、不眠を引き起こしたりします。**

私の場合は、お酒、特に日本酒は好きなので嗜《たしな》みますが、誰かと食事に行ったときのみにしています。晩酌や一人で飲む、家の中でも飲むということはしません。カフェインも原稿を書くときにはあった方がいいのでコーヒーは飲んでいます。

ただ夕方の4時以降は摂取しないと決めています。夜寝つきが悪くなるためです。たばこは全く吸いません。

１００％やめるべきとまではいいませんが、刺激物の無節操な摂取がアナタを苦しめる可能性があります。**自分なりのルールを作ることが大切**です。

第3章

人の悩みはほぼ人間関係から

生きていく上での大きな悩みは、たいてい同じところに帰結します。大きく3つ。**健康、お金、そして人間関係です。**

健康の問題は、自分の生活習慣と医療機関に頼って改善していきます。またお金の問題は、基本的には自分で解決していくことになります。

ですから、純粋な人生の悩みはつまるところ、人間関係の悩みであると言えます。

本章では人間関係の悩みをラクにしていく方法を考えていきましょう。

レッスン1 期待しない

人間関係の悩みは、基本的に相手への期待が原因になっています。相手が期待通りの言動をしてくれないことがストレスになるのです。こんなことをいうと「期待してないいつもりだけど」なんていう意見も出てきます。しかし、期待というのはいつの間にかしていて、だんだん強くなっていく性質があるのです。

たとえば、「職場で特定の人間に強く当たられる」という悩みがあったとしましょう。なぜこの人が自分に強く当たるのか、全く思い当たる節がない。当然相手に変な期待をしているわけでもない。しかし、ここには「どんな人間も職場では普通に接してくれるはずだ」という期待があるのです。だから特定の人間がそうではないときに悩んでしまいます。

またもっとわかりやすい例だとこんな悩みもあります。「恋人にちゃんと愛されているか不安だ」という悩み。ここでは「本当に好きならばこれぐらいの言動はしてくれるはずだ」という期待があるはずです。

このように人間関係で生じる悩みのどこかには必ず「期待」があるのです。

ただここで勘違いしてはいけません。私は「期待がどこかにある」という話をしているのであって、それが正しいかどうかという話はしていません。

たとえば「どんな人間も職場では普通に接してくれるはずだ」という考え方は別に間違ってはいません。ただ期待があることは間違いないという話なのです。

期待の有無と、善悪の話をごっちゃにすると、さらに悩みを解決させにくくするので、気をつけておきましょう。

期待に気づき、外す

ではA人間関係の悩みに期待があるとしたら、どうすればいいのか。**根本的には「期待に気づき、外す」のが一番の対策**です。

職場で強く当たる特定の人がいたら、「ああ、この人は期待しちゃいけないな。こういう人なんだな」と思ってあしらうことです。恋人の言動に不安を持ったら、「ああ、こういう人なんだな」と思って付き合うことです。どんな場合も人間関係の悩みの解決はこれが基本になります。

レッスン2 あるがままを見る

人はなぜ悩むのか。それは幸せになりたいからでしょう。ではどうしたら幸せになるのか、私は「あるがままを見る」ことだと思います。前項で、人間関係の悩みは「期待を外すこと」というお話をしましたが、言い換えると人間関係を「あるがままに見る」ことでもあります。

なぜ「あるがままを見る」のが幸せにつながるのか。**人間が不幸だと感じているときは、「不幸」であるポイントだけを見ているのです。**しかし、人生は様々な要素があります。全てにおいて不幸であることなどありません。

不幸だと思う要素だけを見て、それだけで頭がいっぱいになっている。だから不幸なのです。景色を見て、その景色のどこかに枯れた木がある。そこだけを見て、侘《わび》しい気持ちになる。幸せに思えない人はそれに近い行動をとっているのです。

ではどうしたら「あるがまま」を見られるのでしょうか。必要なことは**「人生を俯瞰する」こと**です。人生、その構成要素である一年、一日一日の全体を第三者として眺める。第三者として眺めず、人生の登場人物として考えるとどうしても感情的になり、視野が狭くなりがちです。それだと今までと何ら変わりませんから、第三者として見る。この態度が大切です。

第三者として自分を見るために**一番のおすすめ方法は日記をつけること**。今日起きたことを朝からたどって書き記す。なるべく感情をこめずに書く。良かったこと、悪かったことを箇条書きするのがおすすめです。そうするとあることに気が付くと思います。

「いろんなことが起きている」「良いことも悪いことも起きている」と。

そして書き記すことは、自然と自分が観察者になることを意味します。そのため「あるがまま」に眺める練習をするにはうってつけの方法なのです。自然と人生を俯瞰的に捉えられるようになったら、日記をつけるのをやめても大丈夫です。

また人に話すのもいいでしょう。誰かに今日一日起きたことを話す。ただ愚痴になってしまうと、俯瞰的なものの見方はできません。感情が入り、視野が狭くなり、全くの逆効果になってしまいます。

「今日こんなことがあってさ」といった具合に話してみましょう。**誰かに語ることで、自分が観察者、叙述者になる**のです。

またときには話した相手からフィードバックがもらえるかもしれません。「でもこれは、相手から見たらこういう話かもしれないね」などといった具合にです。**別の客観的意見をもらうことも「あるがまま」に人生を眺める手助けになる**と思います。

こうした手法を使って、どんどんアナタの幸せを見つけていきましょう。

「友達」って自然と引き合うもの

友達が少ない。友達がいない。友達と思っていたのに裏切られた。この人は友達でしょうか。友達の多い人がうらやましい。

こんな具合に、「友達」に関する悩みも案外多いものです。ここでは友達について考えていきたいと思います。**友達の悩みの多くは、友達の定義から入ろうとしていることに一因があります。**自分の「友達」の定義を作ってしまい、そこにあてはまるかどうかで悩んでしまう。

しかし実際の友人関係に「定義」はありません。あえて「友達だよね」と確認する必要もありません。友達だからこうでなければいけないなんてことはないのです。もちろん数の多さもどうでもいいことです。**アナタがいて、周りの人間がいて、自然とつながっている人がいる。それだけのことなんですから。**

なのでまず**「友達はこうあるべき」という思い込みは忘れましょう。**大切なことは、周りの人間とアナタがどうつながりたいかなのです。そしてストレスなくつながれていれば、あるいはつながらずに済んでいれば、それで良い話なのです。

そもそも友達って何でしょう？　私は「お互いが知り合いであること」が必要条件であろ人間関係にすぎないと思います。

お互い知り合いで、同じ環境にいたときにはよく一緒にご飯を食べていた人が、環境が変わってあまり会わなくなった。たとえばこれは友達でしょうか？

友達と思う人もいれば、顔見知りと思う人もいるでしょう。しかし、これはお互いの考え方次第ですし、どちらかが正しくてどちらかが正しくないということはありません。それに友達かどうかを考える必要もありません。

ただ会いたいなと思うときに連絡をとる。いつの間にか疎遠になっていればそれはそれでいい。また会いたいなと思ったときに会ってくれた。それもそれでいい。しばらくぶりに連絡したら返事もくれなかった。それもそれでいい。

ここに「友達の定義」が先に立ってしまうとおかしなことになってしまいます。あまり会いたくないのに「友達だから」無理に会う。「友達として」やりたくないお願い事をされる。友達だから、最近全然会っていなくても相談に乗らなければいけない。ここであることに気が付くと思います。

「友達」という概念にしばられて、自分の気持ちに従った行動がとれなくなっている点です。

そういった意味で「本当の友達」というものがあるとすれば、「**お互いが自分の自由な意志でつながっている関係**」と言えるかもしれません。もし相手との関係でやりたくないことを強要されているならば、もう友達とは言えないのです。

お互いが自由な意志でつながっていれば、束縛された関係ではありません。束縛されていないから、日頃から会っていなくてもふらりと会いたくなる。何の強制力もなくつながっているからこその「ご縁」であり、友達なのです。

「話が合わなくなる」のは寂しくない

よく久しぶりにあった友人や、同窓会であったかつての同級生と「あまり話が合わなくて落ち込んだ」などという話を聞くことがあります。しかし、これは「以前と同じように会話が楽しめる」という期待がもたらした寂しさであり、本来はそこまで落ち込むことのない話です。

よくよく考えてみてください。月日もたち、環境も変わったら、話が合わなくなるのは当たり前のことです。こういう機会はむしろお互いの変化や違いを知って楽しむものなのではないでしょうか?

もちろん今までと同じように盛り上がったらいいなあという気持ちも出てきます

が、そうじゃなくてもそれはそれでアリなのです。**その場合は昔話を交えつつ、相手の変化した部分を聞き出して「アナタも私も変わったなあ」とポジティブに受け止めてみてはいかがでしょうか。**

レッスン3 比べない練習をする

よく、他人と比較してモヤモヤする。落ち込むという人がいます。その気持ちは大変よくわかるのですが、実は他人と比較することには何も意味がありません。

そもそも人間は他人の人生を生きることはできません。だから同じ土俵にはいないのです。それなのにどうして、比較してしまうのか。

それは、人間は「似たもの探し」をする傾向があるからです。

同じ年代、同じ性別、同じ職業、同じ会社、同じ家族構成。どんどんどんどん共通点を探してしまいます。おそらく人間には「所属を求める」欲がありますから、それゆえなのでしょう。

しかしたまたま共通点があるだけで、アナタが比較する相手とアナタは全く別のものです。生まれも育ちも性格も、求めるものも違うはず。

たとえばスマートフォンと炊飯器「どちらが優秀か」なんて考えますか？　そんなこと考えないはずです。

実は私もよく比較をして、自分が優れているぞと思ったり逆に落ち込んだりすることがありました。それは大学生ぐらいまでの話です。私は医師の息子として生まれ、幸いにも成績がよく、親の希望した中学、高校、大学、医学部に入りました。

親の敷いたレールに乗って生きてこられました。

しかし、そんな私が初めて上手くいきそうもないと不安に思ったのが自分のセクシュアリティでした。どう考えても同性が好きなのです。それを認められずだいぶ抵抗もしました。

「もうちょっと成長すれば女性が気になって気になって仕方がなくなるはずだ」「男性に惹かれているように思えるのは気のせいだ」なんとかそう思おうとして待ちました。でも無理でした。

自分がゲイだと認めると、これ以上は親のレールに乗れないことを意味します。だって親が次に望むのは、結婚、孫の顔に決まってますから。この時代私は悶々と悩んでいましたが、やがて悩んでも仕方がないことに気が付きました。

自分は自分だと。悩むことでもないと。ただ誠実には生きていこうと、それだけを決意しました。**レールに乗る必要もないし、誰かと比較することもないと。**

開き直ってみると、他人と比較して落ち込むことも、優越感を抱くこともナンセンスだと体感的にわかるようになりました。そもそも違う人生なのですから。だから、比較することに意味はないとまずは知ってください。

ただ比較してしまうのは、理屈ではなんともならないかもしれません。

そこで「比較しない方法」についてお伝えしましょう。実は他人と比較してしまうのも「頭がお暇」な証拠です。

頭がお暇になるというのは目の前のことに集中できていないということ。目の前のことに集中していないから、どうにもならないことを考えてしまう。頭がお暇な証拠は「どうにもならないことを考えている」ことなんです。

たとえば過去のことや、まだ起きてもいないことで不安になることなど。もちろん他人と比較してしまうこともどうにもならないことの一つです。

考える価値のある「今」を大切にする

では頭がお暇な状態からどうしたら抜け出せるのか。**それは考える価値のある、今のことを考え実行するようにする。**それしかありません。**具体的には、比較するなら他人ではなく、過去の自分と比較する。そして、将来なりたい自分と比較する**のです。

過去の自分と今の自分を比較すれば、自分が何を成してきたのかがわかります。それは自信や勇気にもなるでしょう。もしかすると、できなくなっていることもあるかもしれません。自分がこれから何をすべきかの指標になるでしょう。

そして将来なりたい自分と今の自分を比較する。そうすれば今からやるべきことや目標が見えてくるはずです。あとはそれを実行するだけです。

他人という考えても仕方のないことにクヨクヨしていた自分の意識を、今の自分に戻すことができます。気が付けば他人のことなどどうでもよくなっているでしょう。この方法が王道で一番いい方法なのです。

レッスン4 人に攻撃されない練習

他人に攻撃されて悩んだことが、一度は、あるいは何度もあるかもしれません。どこにいても必ず他人を攻撃する人はいるものです。ここでは他人の攻撃、またその対処法について考えてみたいと思います。

まず他人からの攻撃がやっかいなのは、「相手が攻撃的なのは自分に非があるせいなのかもしれない」と思いこんでしまうことです。もちろん自分に何らかの問題があり、それが相手の攻撃を呼び起こしていることがないとはいえません。

しかしよく考えていただきたいことがあります。

「アナタに問題があったとしても、果たして攻撃していいのか」という問題です。

答えは明白で攻撃する理由にはなりません。そして相手がちゃんとした人間であれば攻撃してくることはありません。しかし「怒られる」ことはありえます。ここが要注意です。


怒られる場合は、内容が大切です。自分の態度や特定の行動に対して注意を受ける。この場合は、直してほしいポイントが明確であり、一方的に相手の問題とは言えません（「怒る」と「叱る」という言葉で区別される場合もありますが、実際には混用されているので、ここでは区別して扱わないことにします）。しかし、**直すポイントを明確にせず、アナタ自身を否定する場合は、相手の攻撃**です。

では攻撃していいわけはないのに、なぜ他人を攻撃する人がいるのかについて考えてみましょう。答えからいうと、たいていは自分の身を守るためです。

攻撃は最大の防御ともいうように、自分の身を守るために相手を攻撃するのです。

相手を責めるときは、「自分は正しい」という前提で話をします。自分の非を認めることが苦手な人は、他人を攻撃することで自分の気持ちを守るのです。この場合は自分の身を守るのが目的ですから、相手は誰でもいいのです。

また、自分をしっかり守るために相手に何が何でも非を認めさせようとします。人格ごと否定したり、相手が悪い理由を上手に理屈立てようとしたりします。

また**マウンティングもこうした「自分を守るための攻撃」**の一つです。

マウンティングの場合は、相手より自分が優れていることをアピールして、安心感を得る行為です。これも自分の立場を守るために相手を攻撃していると言えるわけです。

こうした相手に出くわしたとき、真っ先にやるべきことは「距離をとる」ことです。自分のために闇雲に武器を振り回しているわけですから、距離をとるしかないのです。ただ距離のとり方にも様々な方法があります。

相手と距離をとる方法

一つは物理的に距離をとる方法。たとえば連絡をとらない。同じコミュニティから離れる。直接関わり合わないようにするのが一番良い方法です。

しかし相手が会社の上司や家族など、簡単には距離をとれない場合もあります。このときはどうしたらいいのでしょう。**この場合は、心理的に距離をとってください。**心理的に距離をとるというのは、簡単に言えばスルーする。暖簾《のれん》に腕押しという表現がありますが、言葉では従っても心では従わない、暖簾になりきるのです。

心理的に距離をとる具体的な対処方法はいくつかあります。たとえば**この本を読むなどして、様々な考え方を身に着ける**ことです。

「攻撃をする人は、自分の身を守るためにするのだから気にしなくていいのだな」と知るだけでも心理的距離を多少はとれるようになっているはずです。何を言われても凹む必要はなく、「すみません」「そうですね」などと言って適当にあしらっていればよいのです。

相手を攻撃する人にとって、アナタが凹む姿が報酬になっています。その姿を見せなければ、自然と相手の攻撃は減ってくる可能性が高いと思います。

ただ、言い負かしてやろうとか、逆に攻撃してやろうなどと考えることはやめてください。自分のために相手を攻撃する人と同じ土俵に立ってしまいますし、相手もよりムキになってひどい攻撃をしてくるかもしれません。

また相手のことをなるべく考えないことも、心理的な距離をとる良い方法です。

結局嫌な人のことを考えるから辛いのです。考えなければ、その辛さもないようなものです。ただ「考えない」というのは、かなり難しいことです。そのため、**「他のことを考える」「違うことをする」のが一番手っ取り早い方法**です。

たとえば嫌な人ではなく、好きな人のことを考える。楽しいイベントのことを考える、企画する。嫌な人のことを考えてしまう時間を、楽しいことを考えて追い出してしまうのです。

あるいは**「違うことをする」のも大切**です。家事をしたり、映画を見たり、本を読んだり、友達とお茶したり、お風呂に入ったり。人間は行動を変えると、その行動について考えるので自然と気持ちが切り替わります。

これらの方法を上手く組み合わせれば、「嫌な人のことを考える時間」がどんどんなくなり、小さな悩みに変わっていくはずです。

第4章

仕事や職場のモヤモヤを解決する

さて、本章では「仕事や職場のモヤモヤ」について考えていきたいと思います。

しかし、仕事や職場のモヤモヤも、これまでのレッスンによってある程度は解決できるはずです。どんな悩みであっても、共通点があるからです。

そこでここでは、職場ならではのモヤモヤの解決方法について考えてみましょう。

実は職場や仕事の悩みには特徴があります。それは**「実際に解決する必要があるものが多い」**ということです。


たとえば自己肯定感、劣等感などの悩みは、「気にしない」「考えなくていい」という状態を作り出すことで解決します。しかし**職場で起こっている問題は実際にその解決に着手する必要があります**。仕事であるがゆえに「気にせず流す」というやり方だけでは上手くいきません。

ではどうしたらいいのか。具体的な解決方法は、職場で起きている個々の問題によって異なりますから、ここでお答えすることはできません。しかし、一つ大切なポイントがあります。

職場でのモヤモヤを解決するポイント、それは「**オンとオフをはっきりさせること**」です。仕事から離れているときは綺麗さっぱりと忘れてしまい、また職場に戻ったときに思い出して解決する。これが大変重要です。

イメージとしては「職場の悩みは職場に置いて帰る」感じでしょうか。職場にいないときに考えてしまうのは残業を続けているようなものです。

給料も発生せず、気持ちもモヤモヤし、しかも職場にいるわけではないのですぐに行動することができない。良いことは何一つありません。ですから**仕事が終わったら、その悩みも今日は終わり、こんな考え方がとても大切**です。

余談ですが、私は時々患者様に「凄く大変な話を聞かされたりして、引きずってしまうことはありませんか」と質問されます。

それに対する答えはこうです。

「確かに深刻な話を受け止める場面も多いのですが、そのことを考えるのは患者様が入ってきてから、出ていくまでの間だけです。そのあとは綺麗さっぱり忘れるぐらいのつもりで気持ちを切り替えます」

私は仕事以外のときは患者様のことを思い出さないように心がけています。もし思い出してしまうと「あれ、気持ちの切り替えが上手くいっていないな」「引きずられていないかな」と、振り返るようにしているぐらいです。

一見薄情に思われるかもしれませんが、気持ちの切り替えが上手くできていないと、他の患者様の診察にも影響が出てきます。仕事上の自己管理として必要なことなのです。

レッスン1 自分に合った仕事ややりたいことを見つける

よく「やりたいことを仕事にしましょう」という意見を耳にします。確かに自分のやりたいことが仕事にできたら最高です。私はよく「自分軸」の話をしますが、簡単に言えば**「自分の納得のいく決断をする生き方」が自分軸**です。その意味からも、自分のやりたいことを仕事にするのは極めて素晴らしい方法だと思います。
一方で「自分のやりたいことを仕事にできる人はごくわずかなので、期待するべきではない」という意見もよく耳にします。それに対して私はこう考えています。

「自分のやりたいことを仕事にできないことはない」

自分のやりたいことを仕事にすることはいくらでも可能です。ただ、自分のやりたいことを仕事にするためには、下準備が必要です。資格や、練習、何度も当たって砕ける経験が必要になってくるのです。
下準備をして時間を費やせば、いずれ自分のやりたいことを仕事にできるのです。さらに下準備をする前から「自分にはやりたい仕事があるけれど、できるわけがないから今の仕事をしている」と動かない人もいます。これは大変もったいないことだと思います。

ではどうしたら自分のやりたいことを仕事にできるのでしょうか？

その前に自分のやりたいことは何か、ちゃんと見つけ出す作業が必要です。
世の中には自分のやりたいことがよくわかっていないこともあるからです。

ではどうしたら自分のやりたいことが見つけられるのでしょうか。自分のやりたいことを見つけるのは、「自分の気持ちを見つめ直す」作業でもあります。そして、その結果「自分のやりたいことはない」という人もいます。

それはそれで自分の素直な気持ちなので大切にしてください。自分のやりたいことを見つけるのは大切な作業ですが、「やりたいことがなければいけない」と自分を追い込む必要は全くないのです。**大切なことは「本当の気持ちにたどり着く」こと**です。

やりたいことの見つけ方

まず、一番おすすめの方法は**「自分史を振り返る」こと**です。自分のやりたいことが素直に見つからないのは、「成長する過程で素直な自分の気持ちを抑え込んできた」可能性が高いからです。

たとえば、私は今こうして文章を書くことを仕事にしています。思えば私が作家になりたいと思ったのは、小学生の中学年ぐらいからだったように思います。父親は大変厳格な人で、テレビも申告した番組を週2時間まで、テレビゲームは一切買わないというルールがありました。その代わりいつでも、欲しいだけ買ってもらえるものが、本でした。

おかげでしょっちゅう本屋さんに行くのが大好きな子供になりました。当時主に読んでいたのは小説です。小説を読むたびに、「こんな面白い没頭できる世界を、文字だけで表現できるのは凄い」と小説家に憧れを抱くようになりました。

小説家になりたいとも思いましたが、なんだか絵空事のような気がして、受験勉強の世界に突入すると、いつの間にか考えなくなりました。

そのことを再び思い出したのは、それからはるかにあと、2010年のことでした。その前年に倒れた父が息を引き取り、私の心にぽっかりと穴が空いたようになったときです。

当時のパートナーのアドバイスもあって、私は穴を埋めるようにブログを書き始めました。このときに、パートナーの名前の一部をもじり、「Ｔｏｍｙ」の名前ができたのです。オネエ口調の精神科医がお悩み相談に乗るというコンセプトのブログは人気となり、一時期は一日のアクセス数が６万ＰＶを超えました。そのとき、再び小学生の頃に抱いていた「夢」のことを思い出したのです。

「もしかしたら作家になれるかもしれない」

私はそこから、様々な編集者の方に売り込みに行きました。そして１年後に、初の著作を出すことができたのです。

私の話はこんなところです。ここで大切なポイントは、**「やりたいことが過去の中に埋もれていた」**ということ。私は偶然思い出すことができましたが、いつの間にかそのまま忘れ去られている「やりたいこと」もきっとあなたの中にあるのではないでしょうか？　大人になるにつれて、だんだん候補から外れていった「やりたいこと」が。

子供の頃の夢は、「現実的にあきらめる」ということはありません。素直に憧れ、素直に夢を抱きます。だからこそ、純粋にやりたいことだったはずなのです。

しかし、自分が成長するにつれて、夢を封印したり忘れたりするようになります。自分が小さな頃、小学生、中学生、高校生、大学生あるいはそのあと。自分史を振り返る中でそんな夢が埋もれていないか探してみてください。自分のやりたいことのヒントがあるかもしれません。


それでも自分のやりたいことが見つからなかったときはどうするか。二番目におすすめの方法は「**何でもいいからやってみる**」です。きっかけなんてどうでもいいのです。とりあえず気になることを始めてみる。始めたら、少し続けてみる。嫌じゃなかったら進める。凄く嫌ならやめる。

人生はトライアンドエラーです。これを納得するまで続けたら「満足する人生」になります。やりたいことがなくてもいいのです。もしやりたいことがあったとしても、それはきっと想像の中だけでの「やりたいこと」にすぎません。

現実を知ったらやりたいことではなくなる。そんなことはいくらでもあります。結局はやっているアナタが楽しいかどうかなのです。

やりたい気持ちがあるのは入口にすぎないのですから、実はやりたいことがなくても大した問題ではないのです。やりたいことがないときは「やりたいこと探し」がアナタのやりたいことなのです。

というわけで、やりたいことを探すには「自分史を振り返る」、それでも見つからなければ「何でもいいからやってみる」。参考にしてみてください。

レッスン2 一つの仕事に囚われない

前項で述べたように、自分のやりたいことが見つからないときは、何でもやってみることが大事です。トライアンドエラーで自分がフィットするものを探すわけですが、**トライの数が多ければ多いほど、しっくり来るものが見つけやすくなります。**

ですから、一つの仕事に囚《とら》われないことも大切です。同時に副業としていくつかの仕事に手を出すのもいい方法です。しかし人間は案外保守的なもので、気が付けば自分のライフスタイルが決まり、一つのことだけを延々とやっていたりします。要は真面目なんです。

自分の納得することができていれば何も問題はないのですが、もし不本意なものであれば大変もったいないと思います。ですからやりたいことがいくつかあるのであれば、同時に手を出してもいいかもしれません。

その場合は大きく手を出すのではなく、**趣味程度に、いつでも撤退できる程度に手を出すのをおすすめします。**幸い今はネットがあり、「いつでも撤退できる程度に気軽に手を出す」には最高のツールが沢山あります。

たとえば文筆業をやりたいのであれば、ライターのバイトをネットで探すこともできますし、ブログやＳＮＳで自分の書く文章の反応を見ることもできます。

現に私もブログを書き始めて反響が得られたところから出版につなげています。

ダンサーや歌手を目指したいのであれば、ＴｉｋＴｏｋやＹｏｕＴｕｂｅなどで自作の曲やダンスを披露してみればいいですし、その方法でトップアーティストになった人も沢山います。

少し前までは自分のやりたいことがあれば、今やっていることをやめて、全力でその道に入り、それでも上手くいくかどうかはわからないという世の中でした。それを考えれば**「ちょっとだけ別の人生」のお試しができる今は大変便利**です。

またこの方法だと、全てを投げうって新しいことに取り組む必要はないので、リスクを最小限にできます。

今までは「手堅い人生」と「夢を追いかける人生」は多くの人にとって別物でした。たいていはどこかの企業に就職し、安定した人生を歩もうとします。その場合は安心感と引き換えに、「本来やりたかった夢」を我慢することになってしまいました。一方で自分のやりたいことを追い求めると、代わりに不安定さとリスクを受け入れなければいけません。

今の時代はネットを活用すれば、現生活の安定性を維持したまま、自分の夢にもチャレンジできるのです。これを生かさない手はないと思います。

10年ごとに仕事人生を変える

私は高校生ぐらいのときから「**10年ごとに仕事を変えてもいいいんじゃないか**」とずっと思っていました。父親は内科の開業医で、私は幼い頃から毎日多くの患者様を父が診察しているのを見てきました。クリニックと自宅が併設でしたから、私は扉の隙間から父の診察風景をずっと眺めていたものです。

当時は、朝8時半から夜8時すぎまで毎日父は診察していました。本当は夜は7時で終わるのですが、患者様が多すぎて終わらないのです。それを月曜日から毎日。土曜日も午前中は診察です。

日曜日は休みのはずですが、自宅も兼ねているので患者様が訪ねてきてしまうのです。いつの間にか日曜日の朝も診察が当たり前になっていました。さらに夜中も電話がかかってきて往診の依頼があったりします。幼い私は、よく寝ぼけ眼で父が往診に行くのを見送ったりしていました。

こんなスケジュールの中、父はがんばって家族サービスをしてくれていました。土曜日の午後、日曜日の朝の診察が終わったあとは毎週末、必ず私をどこかに連れて行ってくれます。日曜日と祝日、盆と正月それぞれ3日間だけがお休みですが、そこでも旅行に連れて行ってくれました。たいてい1泊2日、がんばって2泊3日が限界です。大変混雑し、旅行代金もピークのときにしか行けません。

そんな父の姿を尊敬すると同時に、「将来大人になったらこんな生活を一生続けるのだろうか？」という思いも湧き上がってきました。父から義務づけられたわけではありませんが、こんな環境の中で育つと「自分は医師になるしかない」と思うものです。それ以外の人生が想像できなくなるのです。

そのあと両親に言われるまま、進学校に入学し、流れに乗って医学部を受験するわけですが、「医師になりたい」という気持ちと「ずっと医師をやるのは嫌だ」という気持ち。両方が自分の中に育っていました。

なにせ人生は、上手くいけば70～80年以上あるのです。社会人として働く期間だけでも40年ぐらいはあります。**一つのことをやりたいのであればそれでいいと思いますが、いろんなことをやってもいいではありませんか？** むしろ40年もあるのに、一つのことだけをやりたがる人の方が少ないのではないでしょうか？

とはいえ、1、2年でコロコロやることを変えていては「やりきった」満足感も得られない。そこで10年に一度ぐらいは社会人人生を変えてみてもいい。そんな風に思うようになりました。

そして私は、10年続けてきたクリニックを縮小し、作家メインの人生に切り替えました。自分が高校生ぐらいから思い続けてきた生き方を実践できているのです。やってみて思うのは「やはりこれぐらいがちょうどいい」という思いです。

もちろん10年に一度といっても、なかなか思うようにはいかないでしょう。私も作家業が軌道に乗ったからなんとかできるようになったわけです。タイミングよく新しい社会人人生を探せるわけではありません。

ただ、「社会人人生は一つしかない」と思いこみ、「自分は○○も目指したかったけれど、できなかったなあ」と自分の可能性を狭めてしまうのは大変もったいないことだと思うのです。

「10年ごとに仕事人生を変える」こんな生き方もあるんだと、頭のどこかに置いてみてください。幸い今はそれを可能にする環境がそろっているわけですから。

むしろ終身雇用が当たり前ではなくなった現代では、この考え方の方が時代に合っているのかもしれません。

レッスン3 職場での同調圧力の押し返し方

ここでは、「同調圧力」について考えていきたいと思います。特に日本社会は同調圧力が強い社会であると言われています。「みんながこうするから、自分もそうする」確かに実感としてもそんな方が多いように思います。

しかし、**同調圧力は本質的に自主規制**です。圧力を感じて、忖度して、勝手に合わせているだけのものです。強制されているわけではないのです。

ですから同調圧力をはねのけようと思うのであれば、アナタが従わなければいい、ただそれだけのことなのです。

同調圧力をはねのける方法

①マイペースなポジションを作る

アナタが今まで属してきたコミュニティ、たとえばクラス、部活、サークル、会社、ママ友グループなどに、こんな人はいないでしょうか？「あの人はマイペースな人だから、どういう意見か聞いてみないとわからないよね」というポジションの人です。

ちょっと一匹狼的な、誰とも群れないタイプの人。普段からそういうポジションに身を置いていれば、周りに忖度することなく自分の考えを貫けるでしょう。

逆に普段みんなの意見に合わせている人が、急に自分の意見を主張し始めたら、周りはちょっとざわざわするかもしれません。

同調圧力は、周りの期待が高い状態とも言えます。最初から同調することを期待されていなければいいのです。そのため普段から「マイペースなポジション」をキープしておくことが大切です。

ではどうすればマイペースなポジションがキープできるか。それは普段から仲良くしすぎないことです。もちろん感じ悪くするわけではありません。礼節は保ちながら、深入りはしないという感覚です。もっといえば、「**仲良くしたい相手は厳選しなさい**」ということです。

私的には、仲良くすべき相手は、「自分の意見を言うのに気兼ねが要らない」相手だと思います。なんだか言いにくいな、と感じたら距離を適切にとればいいのです。普段から距離感をつかむことが大切です。

②時間を稼ぐ

何か意見や行動を求められたときに、即答すると圧力に負けやすくなります。

目の前に圧力がある状態だからです。**ですから「ちょっと考えてからお返事しますね」と時間稼ぎするのも一つの方法です。**

即答しないことは、実は柔らかな「ＮＯ」の表現でもあります。即答できないことによって、「問答無用で賛成ではないのだな」と相手に伝えることができるからです。つまり相手の期待値を下げることができるわけです。

レッスン4 逃げる

「この職場でがんばってみたけれど、もう潮時かもしれない」「このコミュニティでは上手くやっていけない」という人には、もうあきらめて逃げたくなるときがあります。

しかし、「今までがんばったんだからもったいない」と考えてしまったり、「もうちょっとがんばれば上手くいくかもしれない」と「あとちょっと」を期待したりして、**逃げ時を失うこともあります。**そこで、どんなタイミングで「逃げる」べきなのかについて考えたいと思います。

私が「逃げる」を考える上で一番大切なのは、「自分の気持ち」だと思います。

どっちを選んだ方が自分の気持ちがモヤモヤしないか。まだ見届けたいことがあって、逃げた方が後悔するのであれば踏ん張る。ここにいること自体が辛くて仕方がないので、逃げない方が後悔するなら逃げる。

基本はこれでいいと思います。「自分の気持ち」とは、もっと言えば「自分の納得」でもあり、自分軸とも言えます。

しかし、この考え方だけだと危険があります。自分の気持ちは素直に表出するわけではないからです。本当は違うことを感じていても、現状で気持ちを落ち着かせるために、自分の本音に加工をしてしまうことがあるからです。それらについて3つの視点から解説をしていきたいと思います。

①サンクコスト

人はそれまで費やした時間や労力が無駄になることを嫌う性質があります。

この**今まで費やした時間や労力のことをサンクコスト（埋没費用）**といいます。

簡単に言えば「今までがんばったのにもったいない」ということです。

そのため、冷静に考えれば今すぐにでもやめるべきなのに、続けてしまう。

そしていつの間にか損失が大きくなってしまう。これがサンクコストの罠です。

②正常性バイアス

人は、とんでもない危険な状態になっていても「まあ大丈夫だろう」「何とかなるだろう」と考えようとすることがあります。これを正常性バイアスといいます。

たとえば煙がもうもうと立ち込めていても、誰もが「火事だ」と気が付いて逃げ出すわけではありません。「何か知らないが煙が多いな、まあ大丈夫だろう」と大事になるまで動かない人も大勢いるのです。

職場でも、かなりやばい状況になっても「まあ大丈夫だろう」とぎりぎりまで動かない人もいます。そして気が付けば会社がなくなるだとか大事になることもあります。正常性バイアスが強い人も逃げ時を見失いやすいと言えます。

③防衛機制

防衛機制は心理学ではよく用いられる言葉です。簡単に言えば、**「現実をそのまま認めると葛藤が生じるため、自分の気持ちに加工してしまう」**のが防衛機制です。防衛機制には様々なものがあり、いくつかの防衛機制は現状を正当に評価する妨げになります。

たとえば、有名なのはイソップ童話の「すっぱい葡萄」でしょう。自分には取れない葡萄のことをキツネは「あれは酸っぱい葡萄だから食べられなくていいのだ」と思ってしまう。ここでは、自分を正当化して気持ちを落ち着かせようとする防衛機制の「合理化」が働いています。

これらを踏まえると、「逃げる」判断は遅くなる可能性の方が高いと考えても良いでしょう。①も②も③も、無意識のうちに働いてしまうので、完全に影響を受けないようにすることは難しいかもしれません。「こういったものがある」と知っておくだけでも充分です。

いつ「逃げる」と判断した方がいいのか？

私は、**「逃げる」ことを意識した時点で、いつ逃げてもよい**と思っています。本当に問題がないのなら、「逃げる」などと全く考えもしないはずだからです。

心のどこかに「逃げるとしたら」「逃げた方がいいのかな」などと「逃げる」という単語が湧き出てきた時点で、逃げてもいいのです。

しかし、すぐに逃げる判断もできないかもしれません。そこでこうしてみてください。

「『逃げる』という言葉が頭に出てきたら、出口を決める」

つまり逃げたい気持ちが少しでも出てきたら、「○○になったら逃げる」というラインを設定しておくのです。

たとえば、「次のタイミングで昇進できなかったら、転職する」「次同じようなトラブルが起きたら、即仕事を辞める」「次の資格試験で合格できなかったら、あきらめる」などといった具合にです。

出口を決めておくことで、逃げるタイミングを見失わずに済みます。また、最後のチャンスを設けることもできます。

第5章

家族との関係を見つめ直す

穏やかに生きるために、必要な要素の一つは家族との関係です。物心ついたときに、最初に一緒に過ごす存在は家族。そして家族という関係性はずっと変わることはありません。

親は親、子は子。兄弟は兄弟です。そして家族の舞台となる場所は「家」。アナタが帰る場所でもあります。家族との関係性を良好に保つことは、穏やかに生きるために必須な技術です。本章ではそのレッスンをしていきましょう。

レッスン1 親と距離をとる

「**合わない人には期待せず、距離を置きなさい**」

これは私が普段から言っていることです。この言葉はかなり評判がいいのですが、必ず出てくる質問があります。

「そうはいっても、同居する親とは距離がとれない。どうしたらいいのか」

という質問です。

確かに親と距離をとることは難しいかもしれません。まず、親の場合は様々な事情で同居せざるをえないケースがあります。目の前に距離をとりたい人が常にいるわけですから、困るわけです。

しかし、距離というのは物理的な距離だけではありません。「心理的な距離」もあります。たとえば、ルームメイトと同居しているケースを考えてみてください。友達と同居する場合ではなく、ルームシェアの募集で来た相手と同居するパターンを想像してみましょう。

この場合、ルームメイトは「ルールを守って家賃を払ってくれる人」であればいいわけです。お互いの生活に配慮できていればそれでいい。目の前に本人はいるけれど、基本的には干渉しません。この場合は心理的な距離がとれていると言えます。

このように、**考え方や対応で、心理的な距離をとることはできる**のです。

だから親と同居する場合でも、ルームシェアをしている相手ぐらいの認識になればいいのです。

では具体的に、どうすればいいのでしょうか。心理的な距離をとるための鉄則は、**「コミュニケーションを減らす」「同じ空間にいる時間を減らす」**の二つです。

まずコミュニケーションについてですが、無視をしなさいという意味ではありません。あいさつ程度にして、あまり自分の状況を話さない。相手の状況を聞かない。これがとても重要なことなのです。

相手が親だと、仮に関係性がよくなくても、ついつい話しすぎてしまう。なぜなら、親子の関係性はもともとは距離感が近い。仲が良くないとしても、「親には本当はこんな風に言ってほしい」「本当はこんな態度をとってほしい」という期待があるはずです。

距離感が近いからこそ、期待が強くなり、相手が期待通りではないと憎しみすら抱いてしまう。これが親子における仲の悪さの正体です。

だから、親相手だと自然と話しすぎてしまうのです。ですから「もし相手がただのルームメイトなら、ここまで話すだろうか」と考え、話しすぎないようにしてください。

もう一つの方法は「**同じ空間にいないようにする**」これも大切です。同じ屋根の下で暮らすから、距離がとれないといいますが、さすがにワンルームで同居というケースはあまりないと思います。

たとえば**隣の部屋にいるだけでもいい**のです。また家にいるタイミングをずらすのも良い方法です。寝起きの時間がずれていれば、それだけでも同じ空間にいる時間を減らすことができます。

また、親が起きてきたら仕事に行くとか、買い物に行くとか、用件をつくることでも同じ空間にいる時間を減らすことができます。「一緒には住んでいるけど、お互い拘束、干渉しない環境」にしてしまえばいいのです。

これらの工夫を最大限組み合わせれば、同居している親でも離れることはできます。ただ、いきなりこんな環境に切り替えると、親が怒り始めることも考えられます。少しずつ、少しずつ進めていってください。

親との距離感が難しい理由

前項で、「親との距離感」というテーマが出てきました。大変重要なテーマなので、少し掘り下げていきたいと思います。親との関係性で悩む人は案外多くいまして、しかも若い頃だけの問題ではなくて、壮年期、中年期になっても悩むのです。お悩み相談として持ち込まれることもありますし、実際に患者様の診察をしていてもよく見受けられます。私自身も、既に45歳になっていますが、母親と話すときに上手く距離がとれていないないと感じることがあります。

その原因は、「親に認められたい」という気持ちではないかと思います。親は幼少期の子供にとっては絶対的存在です。強く、自らを庇護《ひご》してくれる存在でもあり、一方で厳しく、世の中のルールを教えてくれる存在でもあります。親のもとで育つうちに、子供は自然と「親に認められたい」という気持ちを抱くのです。

しかし、親も誰かの子供であり、絶対的に正しい存在ではない。一人の人間にすぎないわけです。ですから、どんなに素晴らしいことであっても認めてくれるとは限らない。それどころか、親より子供の方が、よっぽど人間性ができているなんてこともあります。

それだといつまでたっても、親子間の関係性は変わりません。親は親、子は子。親子がひっくり返ることはない。二人の関係性は変わらないので、どうしても「親に認められたい」という期待が顔を出すことになります。

頭では「この人に認めてもらっても仕方ないよな。認めようとはしないよな」とわかっていても、親と話すとどうしてもイライラしたり、感情的になったりしてしまう。これは親への期待がどうしても顔を出してしまうからなのです。

また「親に認められたい」という感情はやっかいで、自分の気持ちと行動を裏腹にしてしまいます。たとえばこのような例があります。母親がいわゆる「毒親」で、自分の価値観や自分の都合ばかり子供に押し付けようとする。子供は充分母親の性格をわかっていて毛嫌いするんだけれど、電話がかかってくると出てしまう。家にやってくると玄関を開けてしまう。

こういうときの対処方法は、改めて「親は絶対的に正しい存在ではない」と理解すること。そして、前項でも伝えたように、**心理的距離をとること。**物理的な距離がとれていても、心理的距離をしっかりとることを意識してください。

最大の親孝行ってなんだろう

時々「親孝行がちゃんとできていない」というご相談をいただくことがあります。そのたびに思うのが、「ああ、この人は親を充分に大切にしているんだな」と。

そう、親を大切にしていなければこんな悩みが出てくるわけがない。だからきっとこの人は、もう充分親孝行できているのです。親を大切に思うこと、それが何よりの親孝行なのです。

そこからさらに親孝行したいのであれば、やることはたった一つ。「**一緒に過ごす**

楽しい時間を増やす」これだけです。無理をしてまでする必要はありません。アナタが無理をして、親との時間を作っても、きっとあまり喜ばないでしょう。「無理させている」という気持ちが出てきてしまうからです。

ですから私は、**「時々ごはんを一緒に食べる」。これぐらいが一番素敵な親孝行**だと思っています。

レッスン2 パートナーと理想の関係を作る

人生の中で、共に過ごす時間が長いのがパートナーでしょう。逆に言えば、**パートナーとの関係性次第で、人生が決まってくる**とも言えるのです。

ただパートナーとの関係性を安定させるのは、簡単な話ではありません。それもそのはずで、パートナーとの関係性はいくつか特殊な面があるからです。

本項では大きく3つの特徴について述べていきたいと思います。

①距離が近い

親子の関係のところでも述べましたが、パートナーとの関係性は大変距離が近いのです。親子よりさらに近いかもしれません。パートナーとの関係性は、感情が支配しています。

関係性の始まった時期と安定期では質は異なってきますが、基本は「恋愛」がベースです。感情は気まぐれでコロコロと変化するものです。

ですから基本的に物事は感情で進めてはいけません。ビジネスなどは最たる例でしょう。

しかし、パートナーとの関係はそうではありません。**感情がとっかかりであり、普段の関係性も感情が大きく支配します。**だから相手に振り回される、距離感が上手くとれないという問題が出てくるのです。

②相手といる必然性がない

①とも関連がありますが、基本的には「相手が好きだから一緒にいる」わけです。

もちろん、恋人なのか、夫婦なのか、子供がいるかいないか、など個別の状況もありますが、基本は「**好きだから一緒にいる**」のです。

これは逆に言えば「好きじゃなければ一緒にいる理由がない」ということでもあります。もちろん好きじゃなくなっても、仕方がなく一緒にいるカップルもいますが、それはもうパートナーシップではなくなっています。

もっとも近い重要な相手なのに、好きでなくなったら一緒にいる必然性がない。これが不安定になる要因の一つです。

③相手が他人である

パートナーは「親子であっても他人」という話とは別の次元で他人です。

たとえば親子は絶縁しようが何しようが、親子は親子です。あくまで身内です。

しかし、パートナーはそうではない。一緒にいなくなれば完全に他人です。

あっという間につながりがなくなってしまいます。**大変近い存在なのに、どこまでも他人。これもパートナーとの関係の特殊性**です。

これら3つの点から、パートナーとの関係は不安定で悩み多きものになりやすいわけです。ではこれらの特徴にどう対応していけばいいのでしょうか。先程挙げた項目別にみていこうと思います。

パートナーとの向き合い方

①距離が近いについて

実はこの対策が一番重要です。距離が近いことに対する答えは、距離を空けることです。親子の距離感のところでも出てきたように、**心理的距離と物理的距離を空けることが答え**となります。

しかし、パートナーとの場合、距離を空けすぎてしまうと他人になり、一緒に居る理由がなくなってしまいます。そこで「**時と場合によって距離感を使いわける**」のが一番の方法です。これは実のところ多くのカップルが知らないうちに実践しています。

たとえば、喧嘩をしたらちょっと離れますよね。そしてほとぼりが冷めたらまた一緒にいる。パートナーシップの上手いカップルは、この匙《さじ》加減が大変上手です。一方で、不安定なカップルはこれが下手です。

喧嘩したら距離を空ければいいのに、逆に距離を詰めていこうとします。「なぜそんなこと言うの？」「このままじゃダメじゃない？」などと言って一人になる時間を作らせない。これではお互い居心地がよくなるはずはありません。

なぜこんなことが起きるのかというと、「距離を空ける＝仲が悪い」という強迫的な思いによるものです。喧嘩したのに距離を空けたら、二人の関係はもう戻らないのではないか。そんな怖れから距離を詰めてくるのです。

そして距離を詰めることによってさらに喧嘩になる。それが繰り返されれば、本当に関係性が壊れてしまうことにもなりうる。哀しいことに、「仲直りしたい」という焦りが逆効果になってしまうのです。

なのでここは一つ冷静になりましょう。「喧嘩＝距離が近すぎるというサイン」ぐらいに考えてください。ちゃんと距離を空ける。

ただこのときに2つの注意点があります。

⑴事前に話し合って距離を空ける

喧嘩したときにいきなり距離を空ける人がいます。いきなり連絡の頻度も減り、会う回数も減ってしまう。そして、別に本人は別れる気はない。上手く距離感を調整したつもりでいます。

こんなことをすると相手は不安になり、逆に距離を詰めてきます。何が問題なのかおわかりでしょうか？　アナタの「一時的に距離を空けよう」というアイデアが相手に伝わっていないのです。

喧嘩を避けるために、居心地をよくするために距離を空ける。その意図が相手に伝わっていない。相手が不安になって当然です。

ですから距離を空けるときは、事前にちゃんと話し合うことが大切です。たとえば「自分の時間も必要だし、やることもあるから、会わない日も作っておこう」といった具合に。こんな言い方ならば相手もむやみに不安に思うことはないでしょう。

(2)距離を空ける出口を決めておく

距離を空けるときに、「いついつまで」といった具合に出口を示しておくことも大切です。「これからプロジェクトの追い込みがあるから、今月まではこんな感じだよ。ごめんね」といった具合に、しっかり出口を決めておくこと。

関係性をよくするために距離を空けるわけですから、いつまで続けるかはちゃんと決めておくべきです。

②相手といる必然性がないについて

この対策は、素直に考えれば「相手といる必然性を作る」ということになります。そのためには「相手といなければいけないシチュエーションを作る」必要性があります。

たとえば同棲をする、一緒に仕事をするなど、簡単には離れられない理由を作ることになってしまいます。しかし、これってなんだか怖いですよね。なぜ怖いのかというと、「相手といなければいけない」と束縛と義務で相手をつなぎとめようとしているからです。

これを怖いものではないようにするには、**「相手と何かを育てる」**のがいいでしょう。家庭を持つ、育児などもその一つですが、もちろんそこまではなくても一緒に育めるものはいっぱいあります。共通の趣味や共通の友人関係もいいと思います。積極的に「やっぱりこの人じゃなきゃ」と思えるものを多く作ることが最良の方法です。

③相手が他人であるについて

この対策は、実はどうしようもありません。相手と家族になったとしても、その関係は絶対的なものにはなりません。ですから、ここは逆に向き合った方がいいと思うのです。**全くの他人が、相手への気持ち一つでもっとも親しい存在になる。これは大変素敵なこと**だと思うのです。

その根本を受け入れて、大切にしていくしかありません。大切にするというのは、相手のみならず「相手への思い」をです。

一緒にいてくれてありがとう。自分を受け入れてくれてありがとう。楽しい日々を過ごしてくれてありがとう。こんな気持ちを忘れずに持ち続けていけば自ずと素敵な関係性が維持できるのです。

そしてそれこそが、本来のパートナーシップであると思います。

レッスン3 孤独と付き合う

もし、アナタが誰かを求めていて、誰かと一緒にいたいと思い努力していたとしても、必ず誰かが側にいてくれるわけではありません。**誰もが人生のどこかのタイミングで孤独を味わいます。**

また、側に誰かがいたとしても孤独を感じることはあります。ずっと孤独を感じたまま生きる人もいます。なぜならば本来人は孤独なものだからです。

自分の気持ちや体験は自分だけのものです。言葉や表情を通じて相手に伝えることはできますが共有はできない。そして生まれてくるときも一人で死んでいくときも一人なのです。
ですから「孤独」といかに付き合っていくかが、穏やかに生きる上で大変重要なことであると言えます。

孤独と付き合う3つのステップ

ステップ1：孤独を知る

まず、人は孤独が基本なのであると知ることが大切です。**孤独の辛さの多くは「自分だけが孤独なのだ」という思い込みから起きているとも言えます。**

しかし、それは正しくありません。皆孤独であり、それを前提とした上で誰かと関わっていくのです。まずそれを認識することです。

「孤独」を知ることは、他人への期待を手放すことにもつながります。他人に怒りや苛立ちを覚えるのは、他人に「こうあってくれてもいいじゃないか」という期待があるからです。

しかし、自分の考えを共有できる人などいないとわかっていれば、ちょっとした行き違いは許せるようになると思います。皆お互いのことはわからない中で、必死になって自分の気持ちを伝え合っているにすぎないわけですから。

ステップ２：誰かとつながる

次は誰かとつながります。**どんなに孤独を感じていても、自分の期待通りの関係性ではなくても、誰かとつながることはいつでも可能**です。どこにでも誰かはいるからです。そしてつながり方は無数にあります。

ＳＮＳでもボランティアでもスポーツジムでも「つながり」です。いきつけのお店を作るのも「つながり」。近所の人にあいさつするのも「つながり」です。そんなつながりだけでは孤独を癒せないと思う人もいるかもしれません。

しかし、**基本的には孤独を感じるのは「他に考えることがない」から**です。

私なりの表現でいうと「頭がお暇」なのです。それを解決するには「ネガティブなことから気を逸らす」ことです。

手軽にできるつながりというのは、お散歩のようなものです。しっかりと出かけなくてもいつでもお出かけができて気持ちの切り替えができる。「そんなことぐらいで」などと考えず、自分に負担のない程度に誰かとつながってみてください。

ステップ3：何かを始める

先程の「頭がお暇」にもつながりますが、**基本的に孤独感はやることがないときに抱きます。**忙しいときでも、忙しい真っ最中は孤独など感じず、ふとやることがなくなったときに感じると思います。自分には時間があるけれど、他人は忙しそうにしているときにも感じます。

もしアナタに時間がいっぱいあるのなら、何かを始めるのも一つの方法です。

多少の忙しさは孤独を忘れさせてくれます。そして何かを始めるとたいてい誰かと関わります。ますます孤独を埋めていくことが可能です。

第6章

「試練のとき」をなんとかする

人生には「試練のとき」と呼ばれる時期があります。大きな問題が起きたり、場合によってはそれがいくつも集中して降りかかってきたりします。この「試練のとき」は時に生きるか死ぬかの瀬戸際になることもあります。

本章では人生を大きく変える「試練のとき」とその対策方法について詳しく解説します。大きなテーマですので、レッスンという形はとらないでおきましょう。

私もまだ45歳で、きっとこれからも直面するのかもしれませんが、既に30代半ばでこの「試練のとき」を経験しました。

正直「試練のとき」などという言葉をあまり使ったことはなかったのですが、この辛い時期に相談した方々が口々に「今が試練のときだね」という言葉を口にしました。それが妙に記憶に残っています。

私の場合は30代に入って早々、父が病に倒れ、その1年後にこの世を去りました。父のクリニックを継ごうと実家に帰り、一緒に仕事を始めてたった2週間のことでした。これが最初に起きた大変な出来事でした。

父の仕事の内容も充分にわからないまま父が倒れてしまい、周囲の人々の助けを借りてなんとかこなすことができました。

そしてやっと生活が落ち着いてきた頃、当時の私のパートナーがこの世を去りました。8年間もほぼ毎日一緒に過ごしてきた人で、当時の私の全てといってもいい存在でした。そしてそのあと私はうつ病を経験しました。

また私が精神科医として患者様に関わるときに、いろんなお話を聞くのですが、やはり「試練のとき」としかいえないような大変な思いをされた方が多くいらっしゃいます。

私たちに起きる悩みの多くは日常的なものです。こんな悩みを次から次へとこなすだけで精一杯ですが、そこに「試練のとき」という大きな波が訪れることがあります。今回は自分の経験も踏まえ、「試練のとき」にどう対処するかについてお話ししようと思います。

「試練のとき」とは？

「試練のとき」という言葉はもちろん医学的なものではありません。ここでは「すぐに解決できない大きな問題が起きたとき」と定義したいと思います。

たとえば重篤《じゅうとく》な病気や怪我。大切な人間に大きな悪い事態が起きたとき。死別。プライベートな人間関係の大きな変化。対人トラブル。金銭面での大きなトラブルなどです。安定飛行だった人生、多少問題があっても乱気流程度だった人生が、飛行できなくなるほどの事態に見舞われる。そんなイメージです。

また大きな出来事が起きると、さらに大きな出来事が引き起こされやすくなります。たとえば対人トラブルや健康の大きな問題が起きるとお金が必要になります。それによって金銭トラブルが起こり、そして金銭トラブルから家族が不和となることがあります。つまり**試練のときは、同時期に集中しやすい**のです。

「試練のとき」に必要なもの

試練のときに立ち向かうだけでも多くの作業が必要になってきます。それだけでも大変なことですが、**一番必要なものは「気持ちのもっていき方」**だと思います。直接的な対策でもかなりの仕事量になるにもかかわらず、それで上手くいくという保証はどこにもありません。いつまで続ければいいのかもわかりません。でもやるしかない。**こんな状態で、一番大切なのは「自分の気持ち」**なのです。

気持ちさえなんとか保つことができれば、継続することができます。ありがたいことに、どんなに解決しそうにない問題も、時間がたてば影響は小さくなっていきます。自然に風化していくことが多いのです。それだけ時間の経過は強力だということです。

また風化するまで待たなくても、多くの場合には突然事態が好転して解決に向かうものです。ただそれはそのときにならないとわかりません。1年後かもしれないし、数年後、十数年後かもしれない。

試練のときの苦しさは「出口が見えない」という部分が一番大きいように思います。真っ暗なトンネルの中にいるのに、いつ出られるか見当もつかない。そこに気持ちの焦点を当ててしまうと、不安で苦しくなり、全てを投げだしたくなることも出てくると思います。

暗いトンネルの中を、出口はあるはずだと思いながら、淡々と進んでいく。そんな気持ちのもっていき方が、もっとも大切なのです。

「試練のとき」に直面したときの3つの心構え

①なるべく近視眼的に考える

何か課題に取り組むとき、俯瞰的に考えるのは大変重要です。全体を見渡して、冷静になって考える必要があります。しかし、「試練のとき」には逆効果になります。なぜなら、先が見えないのが「試練のとき」の特徴だからです。先が見えないときに、先を見ようとすると、ただ不安になるだけです。

ですから、逆に視野を狭くし、なるべく長期的に物事を考えないことが実は大事なのです。**先のことは、「いつかこれは終わる」とただ信じるだけで良いのです。**

普段仕事に取り組む姿勢とは全く逆のやり方なので、計画的で几帳面な人間の方が「試練のとき」には弱いかもしれません。


では具体的にどうするのか。**まずどうしても今日やらなければいけないことだけをやります。**それが終わったらあとは何にも手を付けない。ひたすら今日という一日を快適に過ごすようにします。

どんなに辛い時期でも、一日は同じように訪れます。日は差すし、穏やかな風も吹く。自分の心の中は大嵐ですが、周りはいたって普通の日々です。自分の心の嵐を忘れて、散歩に行ったり、今日の献立《こんだて》を考えたり、本を読んだり、日常を大切にするようにしましょう。

もちろん、こんな時期ですから「とてもそんな気になれない」ときは無理しなくてもよいのです。**できる範囲で、今日という一日を穏やかに過ごしてください。**

②誰かに自分の状況を知ってもらう

「試練のとき」は、一番孤独を感じやすい時期です。皆は普通に過ごしているのに、「自分だけが」大嵐の中にいる。こんな状況はなかなか人には話せないと思うこともあります。自分がこんな状況だと知ったら、相手は引いてしまうのではないだろうか。そんな怖れも抱きます。

しかし、**「今自分だけが大変な思いをしている」という気持ちが孤独感を作ります。**周りは穏やかな日常を過ごしているのに、自分だけがこんな思いをしている。そう思うのはやめるべきです。

必要なことは、自分の状況を誰かに知ってもらうこと。もちろん、誰でもよいわけではありませんが、ある程度フェアなアドバイスをくれそうな人が良いと思います。そして、できれば一人にではなく、複数の人に相談した方がよいでしょう。

物事を相談することには、いくつかの大きなメリットがあります。**一つは何度も**

誰かに話す中で、自分の状況を客観視できるようになるということです。試練のときに巻き込まれていると、自分の視野からだけではとてつもなく巨大で恐ろしい荒波にもまれているような気分になり、無力感すら抱きます。

しかしそれを人に伝えるときには、状況をかいつまんで話す必要が出てきます。すると「ここが自分が苦しんでいるポイントだな」と見えてくるようになります。

③やりすぎない

「試練のとき」は、自分が対応しなければいけない問題が沢山出てきます。仕事量が普段よりはるかに多くなりがちです。そして試練のときは、手が空くとネガティブなことを考えそうになります。これらの理由から、ついついがんばりすぎてしまいます。

しかし、これは非常に危険な状態です。**いつの間にか自分のキャパを超えていても、気づきにくい状態になるから**です。身体的にも、精神的にも調子を崩しやすくなります。過労死やうつ病などのリスクすら出てくるのです。

現に私は30代の「試練のとき」が原因でうつ病になりました。当時のパートナーとの死別と、自身の開業がちょうど重なってしまいました。

当時のパートナーと公私ともに明るい未来に向けて駆け出すつもりが、全部狂ってしまったのです。

結果として私は、当時のパートナーを失う悲しみと、開業の忙しさを同時に抱えることになりました。本当はパートナーと相談しながら、未来に胸をときめかせながら準備するつもりだったのに、です。何かしていないと、悲しみ、怒り、無念さ、表現しきれない感情が沢山出てきそうになりました。

そこで、なるべく仕事をやれるだけやりました。仕事をしていれば、一時的に自分の置かれた状態を忘れることができたからです。

しかし、これが大変危険なことでした。もともと私は、わりとセーブしながらマイペースに物事を進めるような人間です。その私がブレーキをかけずにアクセル全開で仕事をしたのです。

おかげで仕事の立ち上げは上手くいきましたが、仕事が軌道に乗ったときに「それ」がやってきました。まず気が付いた異変は、不眠です。もともと私は睡眠が苦手で、何もなくてもなかなか寝つけない日が時々来ます。

しかし、このときは朝まで全く寝た気がしないような日々が続きました。お恥ずかしながら、お酒もだいぶ飲んでいたように思います。

また、趣味でジムに行って筋トレやダンスエクササイズをしていたのですが、だんだんと「楽しくない」という気持ちが強くなってきました。

ある日、こんなことがありました。いつものようにジムに行き、着替えて、ダンベルを持ち上げます。この日は腕のトレーニングでした。私はゆっくりと腕を曲げていったのですが、なぜかそこで固まってしまい、そのままダンベルを下ろしてしまったのです。

そのとき隣でトレーニングしていたジム仲間に、「どうかしたのですか?」と聞かれ、何も答えられなかったのを覚えています。

幸い、私が精神科医をしていることもあり、自分の身に起きていることを察知することができました。うつ病と診断され治療が始まったのですが、回復するまでにかなりの時間を要しました。

このように、**「試練のとき」はやることが多く、辛さを紛らわすためにもがんばりすぎてしまいがち**です。しかし、これがさらなる状況の悪化につながりうるのです。やりたい気持ちを抑え、毎日の仕事は最低限ぐらいにした方がよいでしょう。

誰もが迎えたくはない「試練のとき」ですが、いつかは訪れます。これらの注意点を守ってなんとか進めてみてください。必ずいつか出口に到達します。

ここまでは「試練のとき」全体のことについてお話ししてきました。次は大別して3つのタイプの「試練のとき」についてみていこうと思います。

試練のとき1　大切な人間関係が壊れる

両親の離婚、自身の離婚、大きな別れ、あるいは信頼していた人からの裏切りなど、人間関係にまつわる「試練のとき」です。

人間関係の悩みというのは尽きることがないですが、その中でも日々の暮らしに大きな影響を与えるような人間関係の崩壊が、試練のときになります。そして、**もっとも気を付けなければいけないのが、「人間不信」**です。信頼していた日常的な関係が壊れてしまいますから、誰も信じられない気持ちでいっぱいになり、孤独を強く感じます。


また誰かに相談しようにも、「一番相談していた相手」がトラブルの元になっていたりするので、それもできない。

とはいえ、関係ない第三者に相談するには重すぎる話です。勇気を出して相談しようとしても、人間不信になっているので「また同じことが起きたらどうしよう」と考えて不安になります。

ではどうすればいいか。**実は人間不信を解決してくれるのは、やはり人間なのです。**誰かとの関係性を深めていくことが一番この時期を乗り越えさせてくれます。

逆に完全に人間不信になって誰とも関わらないようにすると悪化します。
ですから、**人間関係の試練のときを迎えたら、やはり誰かに相談してください。**
そのときに気をつけるべき3つの要素があります。

①完全な第三者を選ぶ

たとえば離婚になりそうであれば、パートナーとは関わりのない相手を選びます。幼馴染《おさななじみ》や、共通の友人関係のない親友、あるいは自分の血族などが良いでしょう。**完全な第三者である方が相談しやすく、影響も少ないはず**です。

ここでうっかり共通の友人などを選んでしまうと、自分の話がパートナーに筒抜けになるなどして、人間不信の二次被害すら引き起こしえます。できればパートナーとは全く面識がない人の方がいいと思います。

②相談するときに全面的に依存しない

たとえばパートナーに全面的に依存していた人が離婚の危機になったとき、相談

者に依存対象を「乗り換え」ることが起きえます。それがきっかけで交際に至ることもあります。

もちろんそれで上手くいくこともあるかもしれませんが、たいていの場合上手くいきません。それは**「誰かに依存する」というアナタの問題が何ら解決されていないから**です。

人間関係に限らず試練のとき全般に言えることですが、誰かに依存すると乗り越えにくいことが多いのです。

相談するにせよ、話し相手になってもらう程度にして、全面的に自分の孤独を埋めてもらおうとしてはいけません。**最終的に決断するのは自分でなくてはいけません。**

③「偽救済者」に注意

「試練のとき」にはアナタを助けようとするフリをして近づいてくる危険な人々もいます。特に人間関係の試練のときには、こういった人物が現れやすいように思います。

実は私もそういった人物に遭遇したことがあります。

パートナーが亡くなった直後、ある人物が私にコンタクトをとってきました。

その人物の名前をAとしましょう。Aは、パートナーの大学時代の同級生でした。

最初は「葬儀に間に合わなかったから、本人の実家にとりついでほしい」という話でした。私は快諾し、パートナーの実家に連絡しました。


そのまま終わるかと思ったのですが、それをきっかけにAはちょくちょく私にメールを送ってきました。そしてとうとうこんなことを言い始めたのです。

「私は実は霊能力者で、パートナーの声を聞くことができます。お伝えしたいことがあります」と。そしてパートナーからのメッセージとやらをメールで送ってくるようになったのです。


本当はその時点で連絡を絶てば良かったのですが、「ありがとうございます」と返してしまいました。ただ「私はこういったものにお金を払うことはできないのですが、ご了承ください」とは付け加えておきました。

その後も何度か、「パートナーからのメッセージ」というものをAは送ってきたのですが、ある日突然「私はこのメッセージを受け取るときに、かなりのエネルギーを使っている。本来はお金をとっているので、これからは代金をいただきたい」というようなことをメールで送ってきました。

私は「最初に言ったように、それはできません」と返したところ「アナタはなんてひどい人間だ！　信じられない」というようなメールが来たため、そのまま連絡をやめました。

私はこの件で、**「世の中には人が弱っているときを狙って現れる人々」がいる**のだということを学びました。「試練のとき」は、人が一番弱気になり、孤独を感じ、誰かに頼りたくなる時期です。そこに付け込もうという人々からすれば、恰好《かっこう》のカモなのです。

もちろん、本当にアナタを助けようとする人も沢山いますが、利用しようとする「偽救済者」もいる。そのことは心得ておく必要があります。

それでは、どうしたら「偽救済者」を見抜くことができるでしょうか。3つのポイントにまとめてみます。

(1)「試練のとき」をきっかけに急接近してくる人間

一番わかりやすいのはこれだと思います。付け込もうとする人間は、普段から「弱っている人間」を探しています。そこにたまたまアナタが視界に入ってきたわけです。

ですから、昔から親しい人間ではないはずです。場合によっては全く知らない人です。アナタが元気なときに彼らが近づいてくるはずがないからです。「自分が大変なときに目の前に現れた」人物は要注意です。

(2)向こうからアクションをとってくる

最初は必ず向こうからアクションをとってきます。何度も何度も、押しつけがましくない程度に誘ってきます。

本来、大変な時期には新しい人間と知り合う余裕などないはずです。ですから、彼らの方から気遣うフリをしていろいろと誘ってきます。

(3) 知り合いの紹介でも信用しない

今回のケースでは、Aはパートナーの友人からの紹介でした。「大学のサークルの仲間でAという人がいて、自宅に焼香に行きたいので連絡をとりたがっている。いい？」という感じで紹介されたのです。もちろん友人に悪意はないと思います。私は知っている人からの紹介ということもあり、ついつい油断していました。

「試練のとき」のアナタは、自分が思うより弱っています。しかし、だからといって何も考えずに動くと、さらに大きな問題につながる可能性があります。こんなときほどしっかり一線を引いて行動することが大切です。

どうしようもないときは引きこもる

人間関係の「試練のとき」は、孤独を感じると同時に、他人への恐怖感も大きくなります。どうしても誰とも関わりたくない。誰も信用できない。そんな気分のときもあると思います。いくら乗り越えさせてくれるのが他人の存在だからといって無理をしてはいけません。

アナタが「本当は誰とも会いたくないのだけど」という気持ちを押し殺して会っても、相手になんとなく伝わってしまいます。会話がぎこちないものになれば、ますますアナタは人間不信に陥ってしまうかもしれません。**誰とも会いたくないときは、思う存分引きこもってもよい**のです。

試練のとき2　仕事上の大きなトラブル

たとえば自分の起こした事業が上手く立ちいかない、労使関係のトラブル、仕事上の重大なミスなどです。仕事は基本的に毎日行うものですから、ずっと頭から離れません。

また仕事上のトラブルは、金銭上のトラブルに発展しやすいものです。**仕事上の**

「試練のとき」の特徴は、「事態収束まで時間がかかる」ということです。

人間関係の試練のときであれば、人間関係の崩壊は一瞬で起きてしまいます。どちらかといえば、その後処理が試練のときです。しかし仕事上の試練のときは、事態がゆっくりと進行し、その間やるべきことが山積みになります。このときは沢山ある「やるべきこと」からいかに身を守るかが大切なポイントになります。

オンとオフをはっきりさせる

仕事上の試練のときは、いくらでもやるべきことは見つかりますから、ひたすら解決に向けて何かをしようとしてしまいます。しかし、これがいけません。純粋に過労状態になり、それがアナタの次なる「試練のとき」を引き起こしてしまいます。

一日にやるべきことを予め決めておき、それが終わったらその日はあと何もしない。できれば仕事のことは考えない。というように「オフ」の時間を作ることが大事です。

というのも、仕事上の「試練のとき」は、通常の仕事と大きく異なる点があります。**それは「いつ収束するかわからない」という点**です。普通の多忙さであれば「繁忙期の間」「プロジェクトが終わるまでの間」など目途が立ちます。

しかし、試練のときは目途が立たない。ゴールは見えていないのです。そんな中でオンもオフもなく走り続けていたら、走り切れないのは目に見えています。

最悪のことも考えてプランを作っておく

仕事上の試練のときは、どんなところに結果が落ち着くかわかりません。通常の多忙さであれば、「今は大変だが、これが落ち着けば通常業務に戻る」という安心感があります。

しかし「試練のとき」にはそんなものはありません。だからこそ試練のときとも言えるのですが、それを逆手にとってしまえばよい。つまり「**最悪の事態を想定する**」ということです。

たとえば会社をやめるかもしれない。会社をつぶすかもしれない。沢山借金を抱えてしまうかもしれない。そのときはどうするかを考えておくのです。これを全く想定せず、「そうなったら終わりだ」と考えると、試練のときは乗り越えられません。**別にそうなったらそうなったで道があります。決して終わりではありません。**

かつて、ある証券会社がありました。当時は誰もが知る大きな会社でしたが、バブル崩壊後に倒産しました。そのとき、テレビの前で社員が何度も何度も土下座をしていました。

当時、私の実家に、台湾出身の叔父さんが遊びに来ていました。その人がその様子を見ながらこう口にしていたのを思い出します。

「いや、こんなに泣いて謝らなくてもいいのに。台湾だったら、明日から屋台を引いて食べ物を売るよ」

当時私はまだ子供でしたが、妙にこのときの言葉が頭に残っています。確かに土下座をしている社員にとって、この出来事はまさに「試練のとき」といってもいいでしょう。しかし、最悪の場合、会社がなくなってしまった場合のことを仮定していれば、気持ちの上でのダメージは軽くなるはずです。

結局「仕事」は社会のルールの上に作られた幻想のようなものです。仕事で大きな事件が起きたからといって、結局は特定のコミュニティの中だけでの「一大事件」に他ならないのです。

答えを急がない

仕事上の「試練のとき」は決着まで時間がかかることがあります。すぐに解決しなければいけないと焦ってしまうと、心の重荷となってしまうでしょう。

その日その日やるべきことだけやって、あとは「いつか解決するといいな」ぐらいに思っておく。そのスタンスが重要です。

試練のとき3

身体的に大きな問題が発生する

身体的な「試練のとき」とは、大きな病気が発覚したときや、大きな怪我や障害を抱えることになったときのことです。たとえばガンや、事故などです。いずれ人は死にゆきますから、多くの人はこの試練のときをいずれ迎えることになります。

私は30代で大切な人を相次いで失いました。まず、常に私のことをかわいがってくれて一人前の医師にまで育ててくれた父。初めての身内との死別でもあり、私は大きなショックを受けました。

しかし、父はまだ平均寿命には多少届かないものの、75歳で亡くなりましたから、ある意味生き切ってくれたという気持ちは持つことができました。しかしそれから3年後、今度は8年間連れ添ったパートナーがこの世を去ることになりました。

全く受け入れられないことでしたが、少しずつ、少しずつ時間をかけて自分なりに消化していく他ありませんでした。

しかし、このときの辛い思いが、私の中で「どうしたら人は辛さを乗り越えられるのか」という問題を解決するためのヒントになり、現在の私の創作の糧《かて》になっています。「死別の次は、死を前にしたときの気の持ちようがテーマになるだろう」という思いはずっと持っていました。

実際臨床現場でも、ガンを告知された患者様の精神的フォローをする場面は出てきます。患者様がどれだけ辛い思いをされているのか、類推しながらサポートするしかありません。もしかしたら「先生には私の気持ちなどわからないだろう」などと怒りを向けられることもあるかもしれない。その覚悟で臨みました。

しかし、実際にはそんなことをおっしゃる患者様はいませんでした。「本人の気持ちがわかるよ」などとはうかつには言えない。でも、それでも少しでも役に立てればという思いで寄り添えば、穏やかになっていただけるように思いました。

そのときの経験を元に、「自分だったらどう思うだろう」という想像のもと、本項を書こうと思います。

一日を大切にする

身体的に大きな問題が発生しているときでも、一日単位でみれば同じことの繰り返しです。もちろん闘病生活ですから、元気に過ごせないときも多いでしょう。しかし、朝起きて、外の様子を窺って、今日どう過ごそうか考えて、思いのままに過ごし眠りにつく。そんな日々の営みは残されています。

今の身体的な問題がどうなるかは、なりゆきや主治医の先生にお任せして、今日一日をいつものように過ごす。丁寧に過ごす。結局試練のときであろうがなかろうが、一日の繰り返しが人生であることは変わりませんから。

周りの人と過ごす時間を大切にする

人生は、結局は他人との関わり合いの中に存在しています。たった一人で生きているのではなく、誰かとつながっている。私がもし、余命があと1年だと宣告されていたらどう行動するだろうか？ 自分のためにも、誰かの役に立つためにも、時々そんなことを考えることがあります。

贅沢をする？ いえ、本当に食べたいものがあれば食べますし、どうしても行っておきたい場所があれば行くかもしれませんが、豪華な食事や派手な旅行、高級品などには興味は湧かないでしょう。

あと1年しか生きられないのであれば、そんなことはきっとどうでもよいことです。その後に虚しい思いをするだろうなと思います。そんなどうでもいいことのために、貴重な、本当に貴重な時間を使ってしまったという思いだけが残るだろうからです。

ではどうするか？ 最初はまず**「死ぬ前に会っておきたい人」に会う**でしょう。

今ではあまり連絡をとっていないけれど、人生を振り返ったときに思い出す人。

重要なタイミングで出会った人に。そして酒でも飲みながら語らい、にこやかに別れを告げる。

一通りそれが終わったら、いつも一緒にいてくれる大切な人と楽しく過ごす。なるべく長く楽しく過ごす。体に無理のない範囲で。ときにはどこかに出かけ、現地の美味しい食べ物を一緒に食べる。ときにはどこにも出かけずに、家に引きこもってココアでも飲みながら、大好きなドラマを一日中一緒に見る。

きっとこういった状況では、**「最後の最後に後悔しないこと」が大切になる**と思うのです。ですから、こんな過ごし方が大切です。

どうしてもやっておきたい仕事をする

人の価値観にもよりますが、「どうしてもやっておきたい仕事」をやることも大切なのかもしれません。いわゆるライフワークというものです。

ただ、どんなに大切な仕事であっても、それは身体的な試練のときには必要ないように個人的には思います。仕事はあくまで日常が安定しているときに意味を成すことが多いからです。

ただクリエイターの方で「この作品だけはどうしても仕上げておきたい」と思うものがあるならば、それは理解できます。

限られた時間の中で「本当にどうしてもなのか」という問いかけは必要ですが、アナタがしなければ後悔するのであれば、無理のない範囲で仕事に向き合うこともアリでしょう。

普段から「あと1年しか生きられないとしたら」を考えておく

先程私は「余命があと1年だと宣告されていたらどうするか」普段から考えてみるというような話をしましたが、実は自分の生きる意味を見つめ直すために有効な方法だと思います。

身体的な試練のときは、生きるか死ぬかの瀬戸際です。実際その場面になってから考えるより、普段から考えておいた方が後悔なく生きていけると思うのです。
その視点で考えると、私たちはいかに意味のないことに苛《さいな》まれているのかよくわかります。

職場の同僚の意地悪な一言、誰かに嫌われたのではないかとクヨクヨすること、他人が高級車に乗っていてうらやましいこと、どれもこれも大した問題ではない。なのに、そんなことにイライラさせられている。

試練のときは、日常が、当たり前にできていることがいかにありがたいことかを知らされるときでもあります。日常の悩みも、日常が当たり前にあるという前提の中で顕在化しているだけなのです。

そんな中、**時々は「あと1年しか生きられないとしたら」を考えておく**。すると小さな悩みも「なあんだこんなことか」と消えていく。そして本質的な「人生の意味」について考えることができるのです。

第7章

穏やかに生きる人生の秘訣

穏やかに生きるということは、無駄な力を入れないこと。リラックスして最適な生き方ができるのがいい。

しかし、人はときとして無駄な力が入ってしまうことがあります。生きている以上、感情や性格、様々なイベントに振り回されてしまうからです。

それでも、なるべくこの力を抜くよう意識することは大切です。

本章ではその方法についてみていきましょう。

レッスン1 波を極力抑える

私は診察で、よくこう言います。「極力波を抑えてくださいね」と。この波というのは、**感情の波。仕事量の波。環境変化の波の3つの波**です。

どうしても生きていると多くの「波」が訪れます。

しかし、波というのは大きければ大きいほど、必ずエネルギーを使います。そしてその反動がきます。

元気なときはまだなんとかなりますが、あまり余裕がない状態だと、波のダメージに持ちこたえられなくなります。

そのため日頃から、この3つの波をなるべく作らないように過ごすことが大切なのです。それは言い換えると、穏やかに生きることでもあるのです。

3つの波について理解する

①感情の波
人間は結構感情がコロコロと変わっていきます。さっきまでだるくてあまり動く気になれなかったのに、急にあれこれしたくなる。またその逆もあるでしょう。

また、気分が沈んでいたのに、ちょっといいニュースを聞いたら鼻歌でも歌いたい気持ちになる。そんなこともあるでしょう。

自分の感情を一度観察してみるとよくわかると思いますが、**人間の感情はほんの**

ちょっとした時間で入れ替わっていくのです。いいニュースがあったり、天気がよくなってきたりといったはっきりとした原因があるものもありますし、何も理由がなくても感情が変わることもあります。

ただこの感情の波は曲者でして、コロコロ変われば変わるほど、大きなエネルギーを使います。いくら楽しいことがあっても大きくテンションを上げてしまうと、後で反動によって体が動かなくなったりもします。この現象を私はよくゴムのひもにたとえます。

一本のゴムのひもを張った状態を考えてください。これを大きく上に弾くとどうなるでしょうか？　下にも大きく波打ちますよね。そして上下に振れてなかなか元には戻りません。

これと同じように感情も大きく動くとなかなか収束しません。テンションを上げるとその分だけあとで下がります。そのため最初からあまりゴムのひもを弾かないようにするのが大切なのです。

ではどうしたら感情の波を大きく作らないようにできるのでしょうか。**大切なことは、まず「意識すること」**です。感情の波を大きくしないよう意識するだけでもある程度抑えることが可能です。

たとえば、「今はしゃぎすぎちゃってるかもしれないから、少し抑えておこう」などといったように、意識することで予め対応できるようになります。この積み重ねが案外大きいのです。

②仕事量の波

仕事量の波も重要です。たとえば普段は何もせず、一夜漬けで対処する。これは最悪です。全く仕事をしない時間と、仕事だらけの時間。落差を大きくしてしまっています。**この場合は「毎日少しずつやる」ように切り替えてください。この方が心も体もラクです。**

実は仕事だけでなく遊ぶときもこの考え方は大切です。あるときはドカンと遊び、あとは遊ばないようにする。これは案外負担になります。定期的に、少しずつ息抜きをすることが重要です。

私は波が大きい生活スタイルの患者様にはこうアドバイスしています。

「**仕事でも遊びでも、やろうと思ったことの半分ぐらいにしてくださいね**」と。

③環境変化の波

しんどくなると、「思い切って引っ越そう」「思い切って仕事を変えよう」などと大きく環境を変えてなんとかしようとする人がいます。

しかしたいていの場合逆効果です。大したことはしていなくても、環境が大きく変わるだけでストレスになります。


うつ病で療養中の方には、定番のアドバイスがあります。それは、「**重大な決断はしないでくださいね**」というものです。

重大な決断自体も大きなエネルギーが必要ですし、決断したときの環境の変化も本人には悪影響を与えるからです。何事も、少しずつ少しずつ、体を慣らすように事を進めていくのが大切です。

これら3つの波を抑えることで、穏やかな生き方が訪れやすくなります。

レッスン2 完璧主義を手放す

完璧主義というものがあります。何でも完璧に物事をこなそうとする。これは本人の性格や性質といった類のものです。やっかいなことに、**完璧主義の人はたいてい自覚がありません。**それどころか自分のことを「全然完璧じゃない」と思っています。

完璧主義のやっかいなところは、仕事量を不必要に増やしてしまうことです。同じことをやるにしても、「なんとなくやる」のと「完璧にやる」のでは仕事量が何倍も違ってきます。

完璧主義の人は、それをありとあらゆることに当てはめてしまうので、常に動き回ってしまいます。行うだけでなく、物事が完璧に進行しているか確認するので、気が休まることはありません。こうした状況はもちろん喜ばしくありません。
本項では完璧主義の手放し方について考えていくことにしましょう。

まず自分が完璧主義かどうかチェックする

前述したように、完璧主義者は自覚がないことが多いです。どんな対策も、まず自覚ができてからこそ始まるのです。そこで、アナタが完璧主義かどうかチェックしていきましょう。

以下の項目に一つでも心当たりがある人は、完璧主義だと考えてください。

「えー、そうなの？」と思われるかもしれませんが、完璧主義者はちょっとでも該当しないことがあると「〇〇だから私は完璧主義じゃない」と否定しようとするのです。なのでちょっと厳しくいきます。

☑ NOと言えない

完璧主義者の人はNOと言うのが苦手です。なぜならば完璧主義ゆえに、「頼まれたことは引き受けなければならない」と感じているからです。そのため「できない」と言えず、引き受けてしまうのです。

☑ 期限は絶対守る

完璧主義の人は期限を絶対守ろうとします。これはもちろん良いことなのですが、自分に対する言い訳を許しません。様々な理由で期限が守れないとき、相手に事前に確認してリスケジュールをすればいいのですが、これもやろうとしません。「期限は絶対」と考えている人は完璧主義と考えていいと思います。

☑ キリのいいところまでやらないと気が済まない

夜遅くなっても、どんなに疲れていても、キリのいいところまでやろうとすることはありませんか？　気が付いたら深夜になっていたり、フラフラになっていたりする。これも完璧主義者の特徴です。

自分で予定を決め、そこまでは何が何でもやろうとします。

☑ 自分がやらなくていい仕事も、いつの間にか自分がやっている

自分の仕事の中に、本来自分がやらなくてもいい仕事、別に自分が頼まれたわけじゃないのに引き受けている仕事はありませんか？

たとえば、飲み会の幹事。みんなで飲み会をやろうという話が持ち上がったときに、いつの間にか自分が幹事をやる流れになっていませんか？　こういう人は完璧主義者です。みんなで決めたことがなあなあになるのが嫌で、「他にやりそうな人もいないし」と考え、自分がいつの間にかやってしまうのです。

☑ 相手が期待した以上のことをやる

アナタが仕事をやり終えて相手に報告したときに、「そんなにやってくれたの？」と驚かれたり、喜ばれたりしていませんか？　たいてい仕事を頼むときは、相手が期待通りできなかったときのことも見越して、想定以上の内容で依頼するものです。

つまり、依頼された通りのレベルまでできていなくても、たいてい折り込み済みなのです。それなのに頼まれた以上のことまでやってしまうのは、アナタが相当完

璧主義者である証拠です。

ではここからは本題、「**自分が完璧主義者だったらどうするか**」についてお話ししたいと思います。結論から言うと、完璧主義者であることをいきなり全部変える必要はありません。最終的に完璧主義者を手放す必要もありません。

完璧主義に限らず何でもそうですが、性質や性格といった本来の自分に備わっているものを、いきなり変えようとするのは至難の業《わざ》です。変えられないわけではないのですが、かなりの時間と労力を必要とします。

なので私は、この方法を提案します。**一つのステップは自分の性格、性質を認識すること**。そして**その次のステップは行動や考え方を変えてみること**。この二つの組み合わせで、結果として自分の性格や性質をより望ましい方に「リフォーム」することが可能なのです。

一つ目のステップは既に先ほどのチェックリストで完了しました。では二つ目のステップ「考え方や行動を変えてみる」について提案していきたいと思います。

まず完璧主義者の方の場合は、「**自分の領域を狭めてみる**」という方法が一番いいのではないかと思います。先程述べた完璧主義者の特徴について思い出してみてください。

完璧主義の人は、どんどん自分の仕事や責任を増やしてしまっていたのではないでしょうか？　誰もやりそうになければ自分でやってしまう。他人から頼まれた仕事を期待以上に仕上げてしまう。どれも「自分の領域を広げている」行為なのです。

掃除にたとえてみるとよりわかりやすいかもしれません。完璧主義の人が掃除に取り掛かると、あれもこれも気になりだして、結局大掃除になってしまう。家具を動かしてその裏の掃除をしたり、フローリングの隙間のゴミも掻きだして掃除をしてしまう。結果クタクタになってしまう。

これを避けるために「大雑把な人間になりましょう」なんて言われても、そんなことはいきなりできません。そこで「自分の領域を狭める」という技が生きてくるのです。

たとえば、「今日は掃除する」ではなく「今日はトイレ掃除をする」などというように決めてみるのはいかがでしょう？ トイレ掃除ならどれだけ完璧にやってもたかが知れていますから、やることがどんどん増えてクタクタになる、なんて事態は避けられるでしょう。

こんな感じで一度にやる領域を狭めて、その中で完璧にやればいいわけです。

領域の狭め方には次の3つの方法があります。

①時間を決める

キリのいいところまで「もうちょっと、もうちょっと」と作業を進めてしまい、いつの間にか疲れてしまう人にはこの方法がおすすめです。**「今日は1時間作業する」「今日は夕食前まで勉強する」など時間で区切る方法**です。

私はかつて原稿を書くとき、「空いた時間があれば書く」というスタイルをとっていました。しかしその方法だとどんなに疲れていても無理やり原稿を書くことになってしまいます。

また、空いた時間があると「もうちょっと、もうちょっと」と書き進めてしまい、慢性的な疲労感が出てくるようになりました。

そのため今は「朝1時間、多くても2時間だけ原稿を書く」というスタイルに決めています。

この方法だと、午後に時間が空いても原稿は書かないと決めているので、だらだらと原稿を書いて疲れることはありません。

また最初に一日に費やす時間を決めているので、その範囲で原稿が仕上がるよう、早めに取り組むようになりました。そうすると締め切りに追われないので、体がラクになります。

②量を決める

この方法は一日に作業する量を決める方法です。この場合、内容で作業量を決めるのではなく、数字的な量で決めることが大切です。

たとえば、また原稿を書くたとえで恐縮ですが、文字数などを決めずに「一章を完成させる」と決めておくと、内容が上手く思いつかなかったときに、際限なく作業をすることになります。なので私は「一日1000文字」などと数字で作業量を決めています。

③場所を決める

先程の掃除の例ですね。掃除をなんとなくするのではなく、「トイレ掃除をする」と決めてしまう。

どれだけ完璧にやろうとしてもトイレまでなので、掃除が止まらなくなるという可能性はありません。

これら、時間、量、場所で作業内容を制限し、その中で完璧にすれば完璧主義者のまま生きやすくなると思います。その方法に慣れた頃、少しずつ完璧主義も緩和してくると思います。

レッスン3 過去に執着しない

過去に執着する人は、穏やかに生きられません。それはなぜでしょうか。**過去のことばかりを考えて、今を生きられていないからです。**過去の嫌なことを思い出せば、とりとめのない「後悔」になり、過去の良かったことについて思いふければ「現実逃避」になります。いずれも今を見つめられず、自分を苦しめてしまいます。

では、なぜ今を生きないことが不幸なのでしょうか。時間は常に「今」だけが存在します。そして幸せを感じるのは「今」です。**過去のことばかり考えていたら当然幸せにはなれないのです。**

ではどうしたら過去に執着しないで済むのでしょうか？　実は「執着しなくなる」のは大変難しいことです。執着というのは自分の感情ですから、それを変えるのは並大抵のことではありません。「好きなものを嫌いになりなさい」と言われているようなものです。

過去に執着しない方法

過去のことはとりあえず置いておいて、今のことを考える。あるいは行動するという方法がおすすめです。人は過去のことを考えているとき、たいてい「頭がお暇」になっています。目の前のことから気持ちが離れて上の空になり、どうしようもないことを考えてしまう。

過去のことを考えてしまうとき、「今自分は何をしているのか」思い出してください。仕事？　勉強？　家事？　あるいは遊びにきている？　だったらそれに集中してください。目の前のことを丁寧にやってみてください。それだけで気持ちが落ち着いてくると思います。

もし今何もせず、ぼーっとしているのであれば何かを始めてください。そしてそれに集中してください。人間は何か行動することによって気持ちが切り替わるからです。

たとえば料理を作り始めたら、献立を何にするか、何を準備するかなど考えることはいくらでも出てくるでしょう。散歩に出かけたら、どこに行くのか考えるでしょう。風や太陽、暑さや寒さ、緑の心地よさについて感じるでしょう。それこそが紛れもなく「今」に集中していることになります。

目の前のことに集中する。何もしていなければ行動して、それに集中する。

過去のことを思い出しそうになったら、これらを実行してみてください。

現実に引き戻され、いつの間にか過去について考える時間が減っていきます。それが結局、過去への執着を手放すことにつながっていくのです。

レッスン4 自分軸を大切にする

世の中には2種類の人間がいます。一つは「自分軸」で生きる人間。もう一つは「他人軸」で生きる人間です。**そして穏やかに生きるために必要なのは「自分軸」で生きることです。**

ではまず「自分軸」と「他人軸」について説明したいと思います。ちなみにこれらの言葉は医学的に定義されたものではありません。しかし、より穏やかに生きるためには必要な考え方なので、私なりの解説をしたいと思います。

まず「自分軸」ですが、これは**「自分が納得して決断をして生きていく」のが自分軸である**と考えています。日々は小さな決断の連続です

この無数の決断を自分で納得して選んでいく。そうすれば仮に上手くいかなかったとしても、モヤモヤはしないでしょう。

そして次につなげようという意識が生まれるでしょう。なぜなら自分で納得して決めたことだからです。どんなストレスも、自分で納得して決めたことなら耐えられます。

穏やかに生きるということは、何もストレスがないことではない。**全ての行動や状況に納得がいくこと**なのです。だから自分軸が大変重要なのです。

では「他人軸」について考えてみましょう。これは**自分が納得するかどうかではなく、「他人からどう思われるか」を基準に決断していくこと**です。

たとえば「相手に嫌われたくない」「世間体を気にする」「親に評価されたい」こういった考えで物事を決めていくのが他人軸です。

この場合は自分が納得するかどうかは考えていません。常に他人が基準です。昔から「他人と過去は変えられない」というように、他人がどう思うかはコントロールできません。それゆえに「他人軸」で生きる人間は常に他人の顔色を窺いながら生きていくことになります。

つまり振り回され続けながら生きていくのです。これでは気が休まることはありません。

さてここまで自分軸、他人軸とは何かについて述べてきました。明瞭に説明してきたので、「なんだ、そんなことか」と思われた人もいるかもしれません。しかし、現実に照らして考えると案外紛らわしいことが多いのです。

たとえば「良い成績を取りたい」という気持ちがあったとします。これは自分軸でしょうか？　他人軸でしょうか？　実はどちらのパターンもあります。

もしアナタが「自分が良い成績を取りたいから、がんばるぞ」と納得して思うのであれば自分軸です。しかし、「悪い成績だと恥ずかしい」「親に何を言われるかわからない」から良い成績を取りたいと思って行動しているなら他人軸です。

また「他人に親切でありたい」という気持ちがあったとします。これが「常に他人に親切でいられるような人間でありたい」というのであれば自分軸、「他人に良い人だと思われたい」のであれば他人軸になります。

このように、**自分の気持ちを突き詰めて考えないと、自分軸か他人軸かわからないことは多くあります。**

言い換えると、「自分は納得しているつもりなのに、実はそうではない」ということが多々あるわけです。それがモヤモヤや苦しさにつながっていくのです。**自分軸で生きることの第一歩は、まず自分を知ろうとすることでもある**のです。

自分軸とわがままの違い

さて、ここまで自分軸について話してきました。自分軸の話は大変重要ですが、この話をするとよくいただく質問があります。それは、「自分軸とわがままは何が違うのですか」という質問です。

確かに「自分が納得して生きる」＝「自分が思うままに生きる」＝「わがまま」と捉えられるのもありえる話です。しかし、厳密には**自分軸とわがままは違うものであるばかりか、全く逆の生き方**とも言えるでしょう。

どういうことかと言いますと、わがままというのは「他人の自分軸を優先させない行為」です。自分の都合で、相手が納得していない行動を押し付ける。これがわがままです。自分軸で行動する人間は決してそんなことはしません。相手の自分軸にも配慮した言動ができます。

もし、相手が納得しない行為を押し付けてしまったとしたら、きっとそんな自分に納得がいかないでしょう。つまり、わがままな行為は自分軸を蔑《ないがし》ろにするのです。

レッスン5 暮らす場所を整える

今まで考え方や行動の仕方について話してきましたが、穏やかに生きるためにはもっとわかりやすい方法も有効です。それは**環境を整えるということ**です。

余談ですが、私は昔から「綺麗な空間で生活をする」ことに憧れを抱いていました。私の母親はあまり整理整頓が得意ではなく、またなかなか物が捨てられない性格だったので、どうしても家が乱雑になりがちだったのです。

たまに旅行で泊まるホテルの部屋が大変綺麗で、一泊するだけで気持ちがだいぶラクになることを実感していました。

一人暮らしを始めたときは、自分の空間を自分で整えることができ、とても嬉しかったのを覚えています。今ではテーマを決めてインテリアを整えたり、こまめに掃除をして綺麗にしたりするのを楽しんでいます。おかげで、日々の疲れもだいぶ減ったように感じています。

整理整頓は、ただの掃除ではなく、気持ちをラクにもっていく効果があります。

整理整頓が心をラクにする3つの理由

①無駄な行為が増えない

まず散らかった部屋は、どこに何があるのかわかりづらいです。

そのため何か必要になるたびに、あちこち引っ張り出すことになります。探す手間やエネルギーは相当なもので、無駄な行為が増えてしまいます。モノが結局見つからないこともあるでしょうし、見つかったとしても、その頃にはぐったりと疲れていることでしょう。

さらに、様々なモノを引っ張り出した残骸が部屋の中に散らばり、部屋は汚れていく一方です。とても気持ちがラクになるようには思えませんよね。

②無駄な情報が増えない

散らかった部屋とスッキリと片付いた部屋。頭に思い浮かべるとわかるのですが、もちろん片付いた部屋の方がラクに過ごせると思います。

これはイメージだけの問題ではありません。**実は整理整頓された部屋は脳への負担が少ないのです。**

どういうことかといいますと、脳は様々な情報を受け取って処理しています。視覚情報の処理もかなり脳に負荷をかけることになります。

ごちゃごちゃと散らかった、モノの多い部屋は、見ているだけで脳に負担がかかるというわけです。

③無駄に気力が奪われない

散らかった部屋で過ごすには、無駄な行為が必要になり、無駄な情報にもあふれているため、ただそこにいるだけで疲れます。散らかったものが「片付けなければいけないもの」として圧力をかけてくるような感じになります。こうなるとかえって気力が奪われて「何もしたくない」空間になるのです。

レッスン6 プチミニマリストになる

最近は「ミニマリスト」という言葉が浸透してきました。ミニマリストとは必要最低限のモノだけを持って生きていくライフスタイルです。**コスト的にお得なだけではなく、生活空間をスッキリさせて脳の疲れをとる効果も期待**できます。そういった意味では「穏やかな生き方」の一つの究極形でもあります。

ただ完全なミニマリストになろうとすると、かなり生活の変化を必要とするため、私は**「穏やかに生きる練習」の一手段として「プチミニマリスト」といったものを提唱**してみたいと思います。

「捨てる」を習慣化する

やるべきことはたった二つだけ、それは「**モノを増やさない**」「**少しずつモノを**

つまり「**捨てる**」ということ。どうしても欲しいモノがあれば、必ず何かは捨てる。つまり「**捨てる」を習慣化するだけ**です。

部屋が片付けられない最大の原因は「モノを捨てられないこと」です。どんなに毎日片付けていても、モノが多ければ部屋は散らかっていきます。「捨てる」を習慣化するだけで、だいぶ気持ちはラクになっていくはずです。

よく「使うかもしれないから残しておく」という人がいます。「使えるのにもったいない」という人もいます。しかし、使うかどうかよくわからないモノを「可能性」のために残しておくのはナンセンスです。モノが一つ増えればそれを管理しなければいけません。時間も場所も取られます。

モノが増えたがゆえに必要なモノを取り出す手間暇が増えます。そしてたいてい「使うかもしれないモノ」は使われないことが多いのです。そもそも残していたことすら忘れる人もいるのではないでしょうか。

こうした諸々のことを考えれば、「使うかもしれないが今は使わない」モノを残しておく方がよっぽどもったいないのです。**積極的にモノを捨てて、プチミニマリストになることは、ラクに生きるシンプルな方法**です。

おわりに

いかがでしたでしょうか？

人生は多岐にわたる要素が満載です。

それをなるべくラクに、自分らしく生きる。

簡潔にわかりやすく書いてきたつもりでしたが、それでもボリュームのあるレッスンだったかもしれません。


もちろん、全てをマスターする必要はありません。結局はなんとなくやっていけばよいのです。

しかし、人生はそれなりに長いですし、大きなイベントも起きます。

そんなとき必ず壁にぶつかる。

もし、これらのレッスンがマスターできなくても、書かれた内容がヒントになるかもしれません。

私はいつも願っています。
皆様が各々の人生をラクに、楽しく生きられるように。
この本がアナタの杖となってくれることを願っています。

2023年10月

精神科医Ｔｏｍｙ

精神科医Tomy（せいしんかい・とみー）
1978年生まれ。東海中学・東海高校を経て、名古屋大学医学部卒業。医師免許取得後、名古屋大学精神科医局入局。精神保健指定医、日本精神神経学会専門医。現在は心療内科・精神科のクリニック院長として勤務。38万フォロワー突破（2023年10月時点）のX（旧Twitter）が人気で、テレビ・ラジオなどマスコミ出演多数。著書『精神科医Tomyが教える　1秒で不安が吹き飛ぶ言葉』（ダイヤモンド社）に始まる「1秒シリーズ」は、33万部突破のベストセラー。『精神科医Tomyの人に振り回されない魔法の言葉』（エムディエヌコーポレーション）など多数。

ブックデザイン：大場君人
DTP：エヴリ・シンク

穏《おだ》やかに生《い》きる術《すべ》
うつ病《びょう》を経験《けいけん》した精神科医《せいしんかい》が教《おし》える、人生《じんせい》の悩《なや》みを消《け》す練習帳《れんしゅうちょう》

2023年11月2日　初版発行

著者／精神科医《せいしんかい》Tomy

発行者／山下　直久

発行／株式会社KADOKAWA
〒102-8177　東京都千代田区富士見2-13-3
電話　0570-002-301（ナビダイヤル）

印刷所／大日本印刷株式会社

製本所／大日本印刷株式会社

●お問い合わせ
https://www.kadokawa.co.jp/（「お問い合わせ」へお進みください）
※内容によっては、お答えできない場合があります。
※サポートは日本国内のみとさせていただきます。
※Japanese text only

定価はカバーに表示してあります。

ISBN 978-4-04-606266-6　C0030